쓱 그리고
후루룩 읽는
스케치 한국사

쓱 그리고 후루룩 읽는
스케치 한국사

초판 1쇄 펴냄 2018년 11월 30일
　　2쇄 펴냄 2019년 12월 5일

지은이 김무신
감수 정혜인
펴낸이 고영은 박미숙

펴낸곳 뜨인돌출판(주) ㅣ 출판등록 1994.10.11.(제406-251002011000185호)
주소 10881 경기도 파주시 회동길 337-9
홈페이지 www.ddstone.com ㅣ 블로그 blog.naver.com/ddstone1994
페이스북 www.facebook.com/ddstone1994
대표전화 02-337-5252 ㅣ 팩스 031-947-5868

ⓒ 2018 김무신

ISBN 978-89-5807-699-5 03910

이 도서의 국립중앙도서관 출판예정도서목록(CIP)은 서지정보유통지원시스템 홈페이지
(http://seoji.nl.go.kr)와 국가자료종합목록 구축시스템(http://kolis-net.nl.go.kr)에서
이용하실 수 있습니다. (CIP제어번호 : CIP2018035974)

쓱 그리고 후루룩 읽는

스케치 한국사

김무신 지음

뜨인돌

친구들, 반가워! 이 책을 쓴 김무신 선생님이야.

중·고등학교 한국사 교과서를 보면 시대별로 유물들이 많이 있어. 하지만 우리는 무심코 지나쳐 버리는 경우가 많아. 길거리의 잡초를 보듯이 말이야. 혹시 생물 시간에 물고기나 곤충의 생김새를 자세히 그려 본 적이 있니? 눈으로 볼 때와 달리 손으로 그려 보면 몰랐던 부분을 많이 알게 되잖아. 붕어의 지느러미 수도 알게 되고, 그 생김새로 어떻게 살아가는지도 보이지. 유물도 마찬가지야.

어느 날 선생님이 수업 시간에 선사 시대 역사를 알려 주려고 '빗살무늬 토기'를 설명하고 있었어. "빗살이 뭘까요?"라고 물으니 선뜻 대답이 나오지 않았어. 칠판에 머리빗의 살을 하나하나 그렸더니 그제야 "아~!" 소리가 터져 나왔어. 이어서 모두가 빗살무늬 토기를 직접 그려 보는 시간을 가졌어. 토기의 윤곽선을 그리고, 빗살무늬를 그려 본 학생들은 자연스레 질문을 던지기 시작했지. "이거 흙으로 만든 거죠?" "밑이 뾰족한데 어떻게 땅에 세워요?"

누가 '손은 제2의 두뇌'라고 했을까! 정말 맞는 말 같아. 그리기 활동을 하니까 수업 시간은 선생님이 일방적으로 가르치던 교실에서 모두가 서로 질문하는 교실로 바뀌었어. "어떤 땅이어야 끝이 뾰족한 이 빗살무늬 토기를 세울 수 있을까요?"라는 질문을 던지자 다양한 답이 나왔고 아이들의 외침으로 교실은 한차례 소란해졌어. 어떤 학생이 "진흙이요"라고 말했더니, 다른 학생들이 이런저런 대답을 했지. "진흙에 한번 고정하면 다시 빼서 쓸 수 없잖아." "맞아, 흙으로 만든 토기이기 때문에 진흙이나 흙에 꽂아 놓으면 결국 부서질 거야." "그럼 모래 바닥이 아닐까?" 맞아. 답은 모래 바닥이었어. 토기를 직접 그려본 덕에 선사 시대 사람들이 토기를 꽂을 수 있는 모래 바닥이 있는 강 근처에 살았다는 사실까지 자연스럽게 배울 수 있었단다.

한번은 〈금동미륵보살반가사유상〉을 그리는 활동을 했어. 듣기만 해도 어렵게 느껴지는 이름이지? 그런데 직접 그려 보면 이름이 쉽게 이해된단다. 다리를 그리며 '반가'란 반가부좌한 모습을, 손을 그리며 '사유상'이 생각하는 모습을 표현한 말임을 자연스레 알게 되는 거야.

선생님은 그래서 이 책을 만들었어. 그냥 글만 읽으며 역사를 암기하는 게 아니라 유물을 손으로 한번 그려 보면 그 유물이 탄생한 시대의 역사까지 자연스럽게 이해할 수 있거든. 이 책에는 선사 시대부터 근현대사까지 중·고등학교 한국사 교과서에 나오는 유물 위주로 그리기 활동이 준비되어 있단다. 그것 외에도 선생님이 의미 있다고 생각한 유물을 그리는 활동도 있어. 마음에 드는 펜을 들고 유물을 쓱쓱 따라 그려 봐! 어느새 유물들이 네게 말을 걸기도 하고, 너희가 유물에게 묻고 싶은 말도 생길 거야. 그렇게 생겨난 궁금증은 그리기 활동 바로 뒤에 이어지는 글을 읽다 보면 해결될 거야.

이제 곧 무대의 커튼이 휘리릭 걷히고, 흥미롭고 재미있는 역사가 펼쳐진단다. 잠시 휴대전화는 한쪽에 밀어 두고, 펜을 들자! 머리와 손이 즐거워질 거야.

쓱- 그리고
후루룩 읽자!
Guide

1단계 쓱- 그리기

우리 역사의 주요 장면을 품은 **36가지 유물**을 <u>내 손으로</u> 쓱쓱 그려 완성하세요. 때로는 그리지 않고 답을 찾는 활동도 있어요.

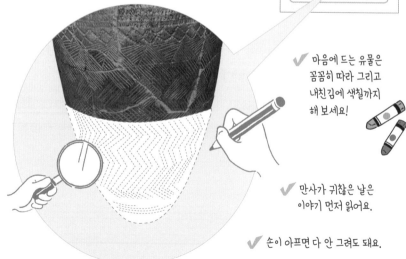

✔ 마음에 드는 유물은 꼼꼼히 따라 그리고 내친김에 색칠까지 해 보세요!

✔ 만사가 귀찮은 날은 이야기 먼저 읽어요.

✔ 손이 아프면 다 안 그려도 돼요.

일단 그리긴 했는데, 이걸 왜 그린 걸까
요? '쓱 그리기' 뒤에 이어진 역사 이야
기에 풍덩 빠져 보세요.
후루룩 후루룩 읽다 보면 **유물이 탄생한
시대의 흥미진진한 이야기**가 생생히 들
려옵니다.

쓱 그리고 후루룩 읽었더니 우리 역사
도 참 쉽죠? 그래서 **한 걸음 더 나아간
역사 이야기**도 준비했답니다.
역사 공부에 구미가 당긴 친구들은 어
서 읽어 보세요!

조선 시대

대한제국 ~ 근현대

신석기 시대
~
삼국 시대

쓱 그리기

빗살무늬 토기 아래 부분을
점선을 따라 그리며 완성해 봐!

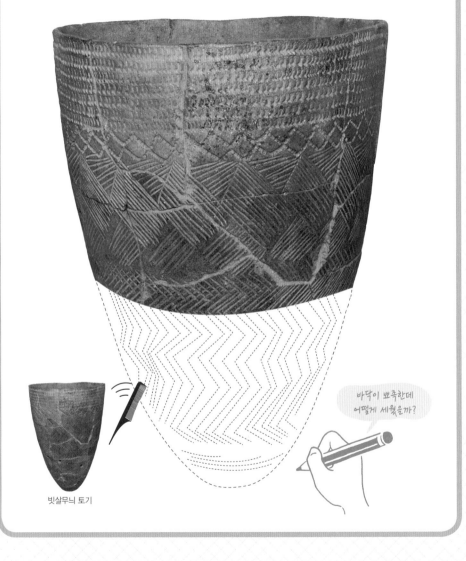

빗살무늬 토기

바닥이 뾰족한데
어떻게 세웠을까?

신석기 시대로 가는
타임머신

1000년쯤 지난 3018년에 아이들이 공부할 역사 교과서에는 21세기에 '터치 혁명'이 일어났다는 말이 있을지도 몰라. 버튼을 꾹꾹 눌러 기계를 사용하던 인류가 스마트폰 화면을 터치하는 인류로 진보했다는 거지. 어때, 그럴듯한 상상이지? 스마트폰이 21세기를 대표하는 타임캡슐이라면 신석기 시대를 상징하는 타임캡슐은 뭘까. 나는 감히 빗살무늬 토기라고 말하겠어. 옆에서 빗살무늬 토기와 무늬를 그려 보았지? 머리빗으로 찍찍 그은 모양 같아서 빗살무늬라고 해. 신석기 시대에는 빗살무늬가 유행이었나 봐.

빗살무늬 토기의 또 다른 특징은 바닥이 뾰족하다는 거야. 그럼 이걸 바닥에 어떻게 세웠을까? 오뚝이도 아닌데 말이야. 힌트는 토질에 있어. '어떤 땅이면 이 토기를 바닥에 세울 수 있을까?'로 질문을 바꿔 볼게. 답은 바로 모래밭이야. 토기를 쓰윽 돌려 바닥에 꽂으면 세워질 거야. 실제로 빗살무늬 토기가 발견된 곳은 대부분 바닷가나 강의 하류였단다. 자연스레 신석기 시대 사람들이 살던 곳까지 알게 되었네. 그런데 이 그릇을 도대체 왜 만든 걸까?

>>> 짐승에서 인간으로

그릇이 어떤 용도로 쓰이는지 생각해 봐. 무언가를 담고 저장을 하기 위해 쓰지. 빗살무늬 토기를 발굴했을 때 안에서 과일 씨, 물고기 가시, 동물 뼈 등이 발견되었어. 놀라운 것은 탄화된 좁쌀도 있었다는 거야. 이건 신석기 시대 사람들이 농사를 지었다는 결정적인 증거야. '신석기 혁명'이 일어난 거지. 사람들이 농사를 짓기 시작했다는 것은 정말 혁명적인 일이야. 왜 그럴까?

사실 구석기 시대 사람들은 경제적인 면에서는 짐승과 비슷했어. 동물이나 식물 같은 '스스로 자(自), 그러할 연(然)' 그러니까 '자연'을 소비하기만 했지. 이들은 수렵, 어로, 채집 같은 자연 경제 활동으로 생존했어. 소비만 한다는 측면에서 짐승과 비슷하지? 짐승과 다르려면 소비만 하는 게 아니고 생산 활동을 해야 하잖아. 농사를 짓고, 가축을 키우는 것이 바로 그 생산 활동이야. 신석기 시대 사람들은 씨를 뿌려 농작물을 수확하고, 짐승을 우리에 가두어 새끼를 치는 생산의 단계로 접어든 거야. 어때? 정말 혁명적이지! 그래서 이 변화를 '신석기 혁명'이라 부른단다.

>>> ## 정착 생활이 불러온 신석기 혁명

어때, 빗살무늬 토기 하나에서 많은 것을 알 수 있지. 유물이나 유적을 통해 그 시대를 알아내는 학문을 고고학이라고 해. 고고학자들은 주로 선사 시대를 연구하는데 선사 시대에는 문자가 없어서 남겨진 기록물이 없어. 그래서 유물이나 유적을 통해 그 시대를 연구할 수밖에. 우리가 빗살무늬 토기를 통해 신석기 시대의 특징을 유추했잖아. 이게 바로 고고학의 연구 방법이야.

그럼 고고학자의 마음으로 신석기 시대를 좀 더 연구해 볼까. 농사를 지으려면 어떤 생활을 해야 할까? 농사란 씨만 뿌리면 끝나는 게 아니야. 중간 중간 잡초를 제거하고 농작물을 노리는 야생동물도 쫓아내야 해. 따라서 이들은 한 곳에 머물러 사는 정착 생활을 했을 거야.

머물러 살아야 하니 집도 제대로 지어야겠지. 구석기 시대에 사람들은 사냥감을 찾아 이동 생활을 했어. 한 곳에 오래 머물지 않기 때문에 동굴이나 큰 바위 밑에 살았어. 집을 지어도 대충 막 지은 '막집'이었지. 반면 신석기 시대 사람들은 움집을 지었어. 막집에 비하면 훨씬 발전된 형태였지. 땅을 반지하로 파서 바닥을 다지고 가운데 큰 기둥을 세웠지. 그 안에 화덕을 설치해 음식을 만들고 추위도 피했단다.

해가 지면 사람들은 움집으로 모여들었을 거야. 모닥불 앞에서 가족들은 하루 동안 있었던 일들을 이야기했겠지. 사냥감도 나누어 먹었을 거야. 모두가 잠든 밤, 어떤 이는 하늘의 별을 보며 "인생이란 무엇일까? 사람은 죽으면 모든 것이 끝일까?"라는 질문을 했을지도 몰라. 인간의 정착 생활은 훗날 철학과 종교를 탄생시켰단다.

혁명이란 말에는 가죽 혁(革) 자가 쓰여. 동물의 몸통은 둥근 원통형이기 때문에 가죽도 벗기면 돌돌 말려들겠지? 이것을 부드럽고 평평하게 매만지는 작업을 '무두질'이라고 해. 망치를 수없이 내려쳐야 하나의 좋은 가죽이 만들어져. 그만큼 '혁명'에 무수한 망치질 같은 노력이 필요하다는 거야. 인류가 씨를 뿌리고 가축을 기르기까지 숱한 노력과 도전이 있었을 테니 '신석기 혁명'이라 불릴 만하지.

도구를 사용하다

인간이 짐승과 다른 점은 무엇일까? 도구를 사용한다는 것이 가장 큰 차이점일 거야. 개가 드라이버를 돌리지는 않잖아. 인간은 두 발로 서서 걸었기 때문에 두 손이 자유로웠어. 그 손으로 도구를 제작했지.

처음 쓴 도구의 원료는 어디에서나 구할 수 있는 돌이었어. 구석기 시대 사람들은 '뗀석기'를 사용했어. 큰 돌을 다른 바위 위에 내려찍어서 손에 쥘 만한 크기로 떼어진 돌을 도구로 쓴 거야. 뗀석기의 '뗀'이란 '떼어져 나왔다'라는 말이야.

신석기 시대에는 '간석기'를 사용했어. 뗀석기를 그냥 쓰지 않고 표면을 매끄럽게 갈아서 썼지. 이 도구의 차이로 구석기와 신석기를 나누기도 해. 별로 대단한 차이는 아닌 것 같은데, 왜 이걸로 시대까지 나눌까?

멧돼지 사냥을 한다고 생각해 보자. 구석기인들은 뗀석기로 백 번 찍어야만 멧돼지가 고꾸라졌어. 반면 신석기인들이 날카롭게 간 간석기로 멧돼지 목을 몇 번 찔렀더니 멧돼지가 고꾸라졌어. 어때? 엄청난 기술의 진보지. 인류의 생존이란 문제에서 도구의 역할을 생각해 보면 도구로 시대를 나눈 이유가 이해될 거야.

02

쓱 그리기 농경문 청동기에 새겨진
사람들의 모습을 따라 그려 봐.

이 청동기는 누가,
어디에 썼을까?

농경문 청동기

따비

괭이

인류에게 불행을
안겨 준 청동기?

너희가 그려 본 청동기는 농사짓는 모습이 새겨져 있기 때문에 '농경문 청동기'라 불러. 밭을 가는 사람이 쥐고 있는 것은 '따비'라는 땅을 일구는 농사 도구야. 그 밑에는 괭이를 치켜든 사람이 새겨져 있어. 농경문 청동기는 지금은 비록 아래쪽이 깨져 있지만 매우 정교하게 만든 의식용 도구란다. 사람들은 아마 이 도구를 풍년을 기원하는 제사에 사용했을 거야. 위쪽에 있는 구멍을 봐. 구멍이 6개 있는데, 양쪽 끝 구멍이 닳아 있지? 제사장은 이 구멍에 끈을 꿰어서 목에 걸었을 거라고 해. 제사를 위한 도구를 따로 만들었다니! 청동기 시대에는 뭔가 중대한 변화가 있었던 것 같아.

≫≫≫ 논농사에서 계급이 등장했다고?

가장 큰 변화는 사람들 사이에 계급이 생겨났다는 거야. 청동기 시대에는 논농사가 시작되었어. 식량은 더욱 안정적으로 확보되었고 '잉여 생산물'도 생겨났지. 쓰고 남는 생산물이 생겼다는 거야. 잉여 생산물을 많이 가진 사람은 부자가 되고, 못 가진 사람은 가난한 사람이 되면서 빈부 격차도 생겨났어. 바꿔 말하면 개인이 소유한 재산인 '사유 재산'이 출현했다는 말이야.

논농사에는 노동력이 많이 필요해. 오늘날 청동기 시대 사람들이 모여 마을을 이룬 '집단 취락' 유적이 발견되는 것도 이 때문이야.

혹시 '치수 사업'이란 말 들어 봤니? '치수'란 물을 다스린다는 뜻인데 댐이나 저수지를 건설해 식수나 농업용수, 공업용수로 활용하는 일이지. 논농사가 시작되면서 치수는 정말 중요한 일이 되었어. '물을

반달돌칼
낫과 같은 수확 도구인 반달돌칼은 청동기 시대의 대표적인 유물이다.
구멍 사이에 끈을 꿰고 손을 집어넣어 작물을 베는 데 사용했다.
청동기 시대였지만 청동이 귀했기 때문에 돌로 된 농기구를 사용했다.

22

다스리는 자가 세상을 다스린다'는 말이 생길 정도로 말이지. 실제로 문명이 일어난 곳은 대부분 그 위치가 큰 강 근처란다.

그런데 말이야. 물을 보관하는 저수지를 만들거나 물을 막는 둑을 세우려면 엄청난 노동력이 필요해. 그래서 수많은 사람들을 효율적으로 공사에 동원하기 위해 지배 시스템이 만들어졌지. 지시하는 사람과 지시를 받는 사람, 즉 사람들을 지배자, 피지배자로 나누는 계급이 등장했다는 말이야. 논농사에서 계급이 등장하는 과정이 참 신기하지 않니.

>>>> 지배자의 아이템, 청동기

지배자가 자신의 권위를 드러내기 위해 사용한 것이 바로 청동기야. 청동은 지금의 다이아몬드와 같이 매우 가치 있는 광물이었거든. 그런데 왜 '청동기'일까? 구리는 손으로 구부릴 수 있을 정도로 물러. 하지만 구리가 주석을 만나 청동이 되면 아주 단단해지지. 청동을 만들려면 1,000도가 넘는 불을 만들어 내야 해. 높은 온도의 불을 만들어 내는 기술은 지배자와 소수의 사람들만 알고 있었대. 청동은 원래 금빛을 띤다는 사실을 알고 있니? 그런데 왜 이름에 '푸를 청(靑)' 자를 썼을까? 청동은 녹슬면 색이 푸르스름하게 변해. 청동기라는 이름은 발견되었을 당시의 녹슨 상태를 보고 붙여진 거야.

청동기가 지배자에게 어떻게 권위를 주는지 생각해 볼까? 지배자의 모습을 떠올려 봐. 가슴에는 청동 거울, 한 손에는 청동검, 다른 한 손에는 청동 방울을 든 모습이 기세등등해.

햇빛이 반사돼 번쩍거리는 청동 거울을 상상해 봐. 너무나 눈이 부셔 사람들이 감히 쳐다볼 수 없었을 거야. 해를 비추는 거울은 지배자를 신의 위치로 끌어올렸어. 그뿐이 아니야. 돌로 만든 검은 쉽게 깨졌지만 청동검은 단단했고 뾰족했어. 돌검은 청동검의 상대가 되지 않았지. 청동검을 든 지배자는 주변 국가들을 침략해 그들이 가진 것들을 빼앗고, 사람들을 붙잡아 노예로 만들었어.

어쩌면 인류의 불행은 청동기 시대부터 시작되지 않았을까. 계급과 빈부 격차가 생기면서 전쟁이 벌어졌으니까 말이지. 오히려 모든 것을 나누며 살던 석기 시대가 더 행복했을지도 몰라.

그림 역사책, 반구대 암각화

울산에 가면 반구대 암각화가 있어. 선사 시대부터 청동기 시대 초기에 걸쳐 사람들이 바위에 그림을 새겨 놓은 거야. 새겨진 그림을 보면 수많은 동물들이 뛰놀고 있어. 특히 고래 그림이 많아. 아마 고래 사냥의 성공을 기원하며 그린 것 같아. 새끼를 품은 고래도 있지만 작살을 맞은 고래도 있어. 한쪽에는 배와 선원들도 그려져 있단다. 고래는 폐로 숨쉬기 때문에 공기를 마시기 위해 수면 위로 올라와야 해. 고래잡이배는 이때를 놓치지 않고 작살을 날렸겠지. 반구대 암각화는 세계 최초로 고래 사냥 모습을 기록했다는 의미가 있어. 그림을 보고 있자니 마치 옛사람들이 우린 이렇게 살았다고 말을 걸어 오는 것 같아. 유적이 역사를 생생하게 전하는 그림책 같지 않니?

03

쓱 그리기 아래 세 가지 유물을
점선을 따라 그리고 색칠해 봐.

비파형 동검   탁자식(북방식) 고인돌   미송리형 토기

이 유물들로 고조선의 영역을
가늠할 수 있대!

최초의 국가,
고조선

고조선의 진짜 이름은 '고조선'이 아니고 '조선'이야. 이성계가 세운 조선하고 이름이 같아. 그래서 '옛 고(古)' 자를 붙여 고조선이라고 불러 구분하는 거야. 고조선의 국경은 어디부터 어디까지일까? 사실 아무도 정확히 모른단다. 대신 고조선 문화가 영향을 미친 범위는 추측해 볼 수 있어. 너희가 방금 따라 그려 본 '비파형 동검' '미송리형 토기' '탁자식 고인돌'은 고조선의 세력을 보여 주는 대표적인 유물이야. 이 유물들이 어디서 발견됐는지를 살펴보면 그 범위를 추측해 볼 수 있지. 우리 민족 최초의 국가 고조선. 고조선은 누가 어떻게 세웠을까?

>>> **신과 동물 사이, 단군신화**

고조선을 세운 인물은 단군왕검이야. 『삼국유사』에는 단군신화가 나와. 하늘나라 황제 환인에게는 환웅이란 아들이 있었어. 환웅은 인간 세계를 바라보며 인간을 널리 이롭게 하겠다는 뜻의 '홍익인간(弘益人間)'을 외쳤대. 환웅은 인간 세계로 내려가려고 마음먹은 거야. 자식 이기는 부모 없다는 말을 들어 보았지. 결국 환인은 환웅을 지상으로 내려 보내기로 했어. 빈손으로 보내지는 않았지. 청동검, 청동 방울, 청동 거울을 주고 경호원도 붙여 주었지. 그렇게 바람 신 풍백, 비의 신 우사, 구름 신 운사가 환웅과 함께 지상으로 내려온 거야. 지상으로 내려온 환웅 앞에 곰과 호랑이가 자신을 사람으로 만들어 달라고 간청해. 환웅은 마늘과 쑥을 주며 삼칠일을 버티면 사람이 될 거라고 말해. 곰만 끝까지 버텨 웅녀가 되었단다. 환웅은 잠시 인간으로 변신해 웅녀와 하룻밤을 보내지. 둘 사이에서 태어난 아이가 바로 단군왕검이야. 이럴 수가! 단군 할아버지가 환웅과 곰 사이에서 태어났다니! 그럼 우리는 반은 신, 반은 짐승인 반신반수의 후손이란 말이잖아.

사실 신화는 곧이곧대로 믿기 어려운 부분이 많아. 그래서 다시 이야기를 해석하는 과정을 거쳐 그 시대를 이해하는 자료로 삼곤 한단다. 그럼 이제 재해석한 단군신화를 들어 볼래? 청동기 문화를 지닌 환웅 부족이 석기를 사용하는 두 부족의 영역으로 이주해 왔어. 이 두 부족은 각각 곰과 호랑이를 숭배했지. 호랑이 부족은 환웅 부족과 싸우다 도망쳤지만 곰 부족은 환웅 부족과 잘 어우러져 함께 살게 되었어. 그러던 중 두 부족 사이에서 단군왕검이 태어났단다.

어때? 이제 단군신화가 좀 더 현실적으로 느껴지니? 환웅 부족이 곰, 호랑이 부족을 복종시킨 힘은 무엇일까? 바로 선진적인 청동기 문화와 농경 기술이야. 환웅 부족은 청동기를 사용했으니 석기를 사용하는 호랑이 부족이 당해 내지 못했을 거야. 게다가 바람, 비, 구름은 모두 농경과 관련 있으니 이들에게 농경 기술을 전수하면서 신망을 얻었겠지. 환웅 부족은 천손 혹은 선민이라는 우월 의식도 가졌을 거야. 단군은 인간을 널리 이롭게 하려는 홍익인간 이상을 실현하고자 했어. 이런 점을 봤을 때 정복하기보다는 선진 문명을 활용해 사람들을 잘 다스리는 데 힘쓴 지배자가 아니었을까?

강화 참성단
단군이 하늘에 제사를 지낸 곳. 돌을 쌓아 제단을 만들었다.

≫≫ 나라를 다스리는 8조법

고조선에는 여덟 가지 법, 8조법이 있었어. 지금은 그중 세 가지만 전해진단다. 먼저 '살인한 자는 즉시 사형에 처한다'는 법이 있어. '눈에는 눈 이에는 이'라는 말이 떠오르지? 내가 저 사람을 죽이면 결국 나도 죽임을 당하니까 함부로 사람을 죽이지 못했겠지. 그만큼 사람의 생명을 중시했다는 것을 알 수 있어. 또 '사람을 다치게 한 자는 곡식으로 갚는다'라는 법도 있어. 곡식으로 갚게 한다는 대목을 보니 고조선이 사유재산이 인정되는 사회임을 알 수 있겠지. 마지막으로 '남의 물건을 훔친 자는 노비로 삼는다'는 법을 볼까. 여기서는 노비가 있었다는 것으로 보아 고조선이 계급 사회라는 것을 알 수 있지. 청동기 시대의 특징인 계급과 사유재산의 출현이 8조법에 그대로 녹아 있어.

오늘날의 법은 정말 복잡해. 그만큼 다툼과 분쟁이 늘어났다는 뜻이겠지. 8조법의 나머지 다섯 개 법이 무엇인지 모르겠지만 고조선은 8조법만으로도 유지되는 건강한 사회였으려나. 어쩐지 부럽다는 생각이 드네. 하지만 단군 고조선도 약 2000년 후엔 자취를 감추게 된단다.

≫≫ 위만조선

『삼국유사』에는 고조선이 기원전 2333년에 세워졌다고 기록되어 있어. 고조선은 기원전 194년에 전환기를 맞이해. 때는 바야흐로 중국의 역사가 크게 요동치는 진·한 교체기였어. 시황제가 세운 진나라가 15년 만에 멸망하자 여러 나라들이 일어났고 전쟁이 끊이지 않았어. 이 시기에 적지 않은 중국인들이 전쟁을 피해 고조선으로 이주했어. 특히 위만이라는 사람은 연나라가 망하자 무리를 이끌고 고조선에 들어와 항복했어. 연나라는 고조선과 가까워 자주 분쟁을 일으킨 나라였지. 위만은 머리에 상투를 틀고 고조선 사람처럼 옷을 입고 예의를 갖추었어. 고조선의 준왕은 위만이 마음에 들었나 봐. 위만에게 관직까지 주고 서쪽 국경을 지키게 했거든. 아마 위만이 밀려드는 중국 세력을 잘 감당할 수 있을 거라 생각했을 거야. 어쩌면 위만이 지닌 철기 제작 기술이 탐났을 수도 있지.

그런데 믿는 도끼에 발등 찍히는 사건이 일어났어. 기원전 194년, 위만이 준왕을 속여 내쫓고는 자신이 고조선의 왕이 된 거야! 준왕은 한반도 남부로 도망쳐 진(辰)나라를 세워. 진나라는 훗날 삼한, 즉 마한, 진한, 변한의 뿌리가 되는 나라이지. 위만은 나라 이름을 바꾸지 않고 고조선의 법과 제도를 이어받았어. 이 시기의 고조선을 '위만조선'이라고 불러. 위만조선은 강력한 철제 무기를 제작해서 영토를 넓혀 나갔지.

위만의 손자인 우거왕은 고조선의 지리적 장점을 최대한 활용했어. 중국 한나라와 한반도 남부의 진나라 사이에서 무역을 했거든. '한나라-진나라'의 직거래 무역망에 고조선이 끼어들어 '한나라-위만조선-진나라'라는 새로운 무역 구도를 만든 거야. 한나라 무제는 이런 고조선을 눈엣가시처럼 여겼어. 결국 군대를 보내 왕검성을 함락시키고 고조선을 멸망시켰지. 그리고 고조선의 옛 영토를 지배하기 위해 낙랑군, 임둔군, 진번군, 현도군 4개 군을 설치해 이 지역들을 직접 다스렸어. 이 중 마지막까지 남아 있던 낙랑군은 서기 313년 고구려 미천왕 때가 되서야 중국으로 쫓겨났지. 남은 고조선 사람들은 한반도 남부에 철기 문화를 퍼뜨려 삼한의 성장을 도왔단다.

우리 역사는 반만년?

우리나라는 흔히 '반만년 역사'라고 이야기하지? 반만년 역사의 출발점은 고조선이야. 그런데 우리 역사는 정말 반만년, 즉 5000년 역사일까? 고조선은 기원전 2333년에 세워졌어. 이 시점을 기준으로 하는 달력을 '단기'라고 해. 그럼 2018년은 단기 몇 년일까? '2333+2018=4351'이니까 단기 4351년이야. 반만년을 채우기에는 부족하지. 우리 역사가 오래되었다는 자긍심은 누구나 가질 수 있어. 하지만 그것을 부풀린다면 역사가 아니라 소설이 되는 거야. 정직하게 우리 역사는 4351년이 되었다고 말해 보는 건 어떨까?

04

쓱 그리기

말 머리 가리개를 따라 그리고,
아래 지도에 가야의 영역을 색칠해 봐.

말 머리 가리개

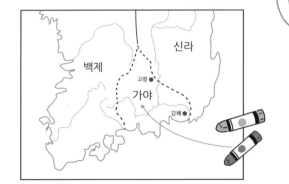

일본의 역사 왜곡을
바로잡는 중요한 유물이야!

백제

신라

고령 ●

가야

김해 ●

잊힌 역사, 가야

1980년 부산 복천동에서 금관가야의 고분이 발견되었어. 깊은 밤, 발굴 팀은 덮개돌 사이로 손전등을 비추었어. 이윽고 "철도 레일 같은 것이 깔려 있습니다"라는 외침이 들렸어. 무슨 말일까? 무덤을 열어 보니 가야의 대표 교역품인 덩이쇠 묶음이 줄지어 깔려 있던 거야. 무엇보다 발굴 팀을 놀라게 한 것은 너희들이 그려 본 말의 머리를 감싸는 가리개가 출토된 것이었어. 말 머리 가리개는 일제 강점기 때 일본이 주장한 '임나일본부설'을 반박하는 근거가 되거든. '임나일본부설'이란 일본이 4세기에서 6세기 사이에 가야를 속국으로 삼고 한반도 남부를 통치했다는 터무니없는 주장이야. 그 당시 일본은 기병이 없었거든. 말을 타는 기병이 없으니 물론 말 머리 가리개도 없었을 테고. 한데 가야에서 말 머리 가리개가 출토되었으니 가야가 일본보다 훨씬 앞섰다는 것을 보여 주는 증거가 되었지. 일본의 역사 왜곡을 바로잡은 말 머리 가리개와 덩이쇠. '철의 나라'라는 말이 참 잘 어울리는 가야는 어떤 나라였을까?

>>> 가야의 탄생, '거북아, 머리를 내밀어라'

『삼국유사』에 전해지는 가락국의 역사책 『가락국기』에는 가야를 세운 김수로 이야기가 나와. 가락국은 가야를 부르는 옛 이름이야. 낙동강도 가락국의 동쪽에 위치한 강이란 뜻이지. 옛날에 낙동강 일대는 아홉 명의 촌장이 다스리고 있었어. 어느 날, 동산 위에서 이상한 소리가 들려왔지. 이를 이상하게 여긴 촌장과 사람들이 동산에 올라갔어. 그때 하늘에서 이런 소리가 들렸어.

"하늘이 내게 이곳에 나라를 세우고 임금이 되라 하셨다. 너희는 봉우리의 흙을 파면서 이렇게 노래를 불러라. '거북아 거북아, 머리를 내밀어라. 내밀지 않으면 구워서 먹을 테다.' 노래를 부르며 춤을 추면 곧 대왕을 맞아 기뻐 뛰게 될 것이다."

촌장과 사람들은 그 말대로 땅을 파며 노래를 불렀어. 얼마 지나지 않아 하늘에서 붉은 보자기로 싼 금빛 상자가 내려왔어. 상자에는 태양같이 둥근 황금 알 여섯 개가 있었지. 알에서 가장 먼저 태어난 아이가 바로 김수로야. 훗날 김수로는 금관가야의 임금이 되었어. 나머지 다섯 알에서 태어난 아이도 각각 다섯 가야의 왕이 되었지. 이렇게 가야는 여섯 개의 나라로 나뉘어 성장했단다.

자, 이제 가야의 건국신화를 해석해 볼까. 알에서 태어났다는 것은 이들이 외부에서 온 세력임을 나타내지. 아마도 김수로와 나머지 다섯 왕이 아홉 촌장과 손을 잡고 새로운 나라를 세운 것 같아. 외부에서 온 세력은 또 있었어. 바로 김수로의 왕비가 되는 아유타국 공주 허황옥이야. 허황옥의 부모가 꿈을 꾸었는데, 딸을 가락국의 임금 김수로의 배필로 보내라는 계시를 받았대. 김수로는 허황옥을 왕비로 삼았지. 아유타국이 어딘지에 대해서는 여러 의견이 있지만 일반적으로 인도의 한 지방에 있었다고 보고 있어. 두 사람의 혼인은 우리 역사상 최초의 다문화 가정이 탄생했다는 의미도 있단다.

>>>> 신라보다 강했던 가야

김수로가 다스리던 시절의 가야는 신라보다 강했대. 이런 이야기가 전해져. 신라 제4대 왕인 석탈해가 가야에 쳐들어온 적이 있었어. 두 나라의 왕이 맞붙어 싸움을 벌였는데, 동물로 변하는 도술을 부렸다고 해. 석탈해가 매로 변하자 김수로는 독수리로 변했어. 석탈해가 참새로 변하자, 김수로는 새매로 변해 참새를 잡아먹으려 했지. 그러자 석탈해는 본모습으로 돌아왔어. 김수로의 승리였지. 이 이야기를 해석하자면 신라가 가야를 공격했을 때 김수로 왕이 잘 막아냈다는 뜻이야.

이 시절 가야가 신라보다 강했다는 증거는 또 있어. 신라 주변에는 작은 나라인 음즙벌국과 실직곡국이 있었는데 두 나라 사이에 영토 분쟁이 일어났어. 두 나라는 신라 제5대 왕인 파사왕을 찾아가 영토 문제를 해결해 달라고 했지. 파사왕은 자신이 없었는지 김수로에게 이 일을 부탁했어. 김수로가 골칫거리 문제를 지혜롭게 해결하자 파사왕은 그 보답으로 6부에 명해 김수로를 후히 대접하라고 했지. 다른 부는 모두 높은 관리를 보냈지만 한지부에서는 낮은 관리를 보냈대. 이에 분노한 김수로는 한지부의 우두머리를 죽여 버렸어. 그런데 신라 왕은 가야 왕이 신라의 중신을 죽였는데도 변변히 따지지 못했다고 해. 김수로가 다스리던 시절의 가야는 확실히 신라보다 강한 나라였을 거야. 가야는 어떤 나라였으며, 신라보다 강했던 국력의 원동력은 무엇일까?

≫≫ 철의 나라, 가야

김수로가 다스렸던 금관가야가 세워진 곳은 김해야. 김해라는 이름은 쇠 금(金), 바다 해(海) 자가 합쳐져 '쇠가 떠다니는 바다'라는 뜻이지. 가야는 일찍부터 철 만드는 기술이 뛰어나 주변 나라들이 철을 얻으러 김해 앞바다를 들락날락했어. 가야의 철은 백제는 물론이고 낙랑군과 일본 규슈까지 수출되었어. 김해는 한반도 최고의 무역항이었을 거야. 특히 덩이쇠는 가공하기 쉬워 주요 수출 품목이었지. 사람들은 덩이쇠를 제련하여 낫과 같은 농기구나 칼, 창 등의 무기로 만들어 사용했어. 철의 나라라고 불릴 만하지? 게다가 김해는 평야 지대였고, 낙동강이 범람해 논농사가 잘되는 풍요로운 지역이었단다.

가형 토기
4세기경 집의 모양을 보여 주는 토기.
기둥 위에 집을 세운 이유는
강의 잦은 범람 때문이다.

덩이쇠
가야에서는 주요 수출 품목인
덩이쇠를 화폐처럼
사용하기도 했다.

한때 신라보다 강했고 철기 문화가 꽃핀 가야에도 시련이 닥쳤어. 백제와 손잡은 왜가 신라를 공격하는데 가야도 함께했거든. 그러자 고구려가 가야를 공격해 왔어. 위기에 처한 신라가 고구려 광개토 대왕에게 도움을 청했기 때문이지. 광개토 대왕의 군대는 왜군을 물리치고 가야까지 들이닥쳤지. 금관가야는 큰 타격을 입고 몰락의 길로 들어섰어. 이후 금관가야를 대신해 대가야가 가야 연맹을 이끌었지. 하지만 562년, 대가야마저 신라에 합쳐지면서 가야는 우리 역사에서 사라지고 말았어.

가야는 우리 역사의 언저리에서 맴돌았어. 교과서에도 몇 줄로만 기록되어 있지. 가야는 삼국 시대의 '삼국'에도 끼지 못해. 삼국과 거의 동시대에 존재했던 나라였는데도 말이지. 나름의 이유는 있어. 고구려, 백제, 신라는 고대 국가 단계까지 성장했지만 가야는 연맹 왕국 단계에서 멸망했기 때문이지. 여섯 가야가 힘을 합쳐 통일을 이룩했다면 '사국 시대'가 되었을 텐데 안타까운 일이야. 하지만 삼국과 어깨를 나란히 하면서 독립적인 정치 세력을 유지했던 가야는 분명히 기억해야 할 우리 역사야.

임나일본부설

'임나일본부설'이란 일본이 우리나라를 식민 통치하려고 17세기 초부터 만든 거짓 논리야. 과거에도 한반도는 원래 일본의 식민지였으니 자신들이 식민 통치하는 게 이상할 것이 없다는 주장이지. 앞에서 너희가 그려 본 말 머리 가리개는 금관가야 고분에서 발견되었어. 말 머리 가리개는 가야에 말을 타고 싸우는 병사, 즉 기병이 있었다는 증거지. 그런데 5세기 이전 일본에선 기병과 관련된 말의 연장이나 꾸미개가 나오지 않았어. 그때까지 일본에 기병이 없었거나 있더라도 발전되지 못한 상태라는 얘기지. 이런 일본이 바다를 건너와 가야의 강력한 기병을 상대했다는 얘기를 누가 믿을 수 있겠니.

05

쓱 그리기   벽화에 그려진
귀족과 시녀의 모습을 따라 그려 봐.

〈쌍영총현실대묘천정일월도〉

크기도 크고 욕도 화려하고…
누가 귀족인지 뻔하지?

불평등을
제도화하다

귀족과 시녀가 그려진 이 벽화는 고구려 시대 것으로 알려진 쌍영총 고분 벽화야. 귀족들의 여유로운 생활을 엿볼 수 있는 그림이란다. 고구려의 귀족들은 살아 있을 때의 모습을 무덤에 그려 넣었어. 죽은 다음에도 잘 먹고 잘살기를 바라면서 말이지. 그런데 말이야, 너희도 그려 봐서 알겠지만 벽화에 그려진 인물들의 크기가 제각각이잖아. 이유가 뭘까? 신분에 따라 인물의 크기를 다르게 표현한 거야. 신분이 높은 귀족 여인은 몸집이 크고 시녀는 주인의 절반도 안 되어 보여. 이걸 보면 고구려의 신분 제도는 엄격했을 것 같아. 신분이란 무엇일까?

>>> 태어날 때부터 정해진 차별

신분이란 태어날 때부터 갖는 지위야. 신분이 높은 사람은 자기보

43

다 신분이 낮은 사람에게 약탈적인 태도를 취해. 세금을 걷거나 노동력을 요구한다는 말이야. 누가 착취를 하고 당하느냐에 따라 지배층과 피지배층으로 나뉜단다.

부여, 고구려 초기, 삼한 시대에는 왕족 밑에 '호민'들이 있었어. 호민은 부유하고 세력이 있는 백성을 뜻해. 호민 밑에는 '하호'들이 있었지. 아래 하(下), 지게 호(戶) 자를 써서 '아랫마을에 사는 사람들'이란 뜻이야. 하호는 대부분이 농민이고 가난했지. 하호 밑에는 천민들이 있었어. 왕(족장)-호민-하호-천민의 신분 구조는 나라가 '고대 국가'로 발전하면서 왕족-귀족-평민-천민으로 변화했어.

고대 국가란 나라의 중앙인 왕의 권력이 강한 국가를 뜻해. 다른 말로 '중앙집권국가'라고도 하는데, 삼국이 중앙집권국가로 발전하면서 이전의 족장 세력은 왕에게 충성을 바치는 귀족 세력으로 변모했어. 세력이 큰 족장들에게 높은 관등이 주어졌고, 상대적으로 작은 세력에게는 낮은 관등이 주어졌지. 왕이나 귀족은 자식들에게 지위를 대대로 물려주며 권력을 독점했어. 뿐만 아니라 지배층으로서 온갖 특권을 누렸단다.

>>>> **집안의 뼈대로 차별하다**

신라에는 '골품제'라는 신분 제도가 있었어. 집안의 뼈대로 신분을 나눈 제도야. 왕족은 '성골', 귀족은 '진골', 그 밑에 '6두품' '5두품' '4두품' 같은 하급 귀족들로 신분을 나누었지. 왕은 원래 성골에서만 나올 수 있었는데, 진골 출신인 신라 29대 임금 무열왕 이후부터는 진골에서도 왕이 나왔어.

신라는 신분 간에 높은 벽이 있었어. 『삼국사기』의 「설계두 열전」에 설계두가 "신라에서는 사람을 쓰는 데 골품을 따지므로 비록 큰 재주와 뛰어난 공이 있더라도 한계가 있다"라고 말했다는 기록이 있어. 설계두는 6두품 가문 출신의 뛰어난 무인이야. 하지만 진골이 아니었기 때문에 장군이 될 수 없었어. 설계두는 몰래 당나라로 건너갔고, 고구려를 공격하는 데 공을 세워 대장군이 되기도 했지.

설계두 같은 6두품 이하 하급 귀족들은 신라 사회에 상당한 불만을 가졌어. 아무리 개인의 능력이 뛰어나도 진골이 될 수 없었거든. 6두품 중에는 당나라에서 새 인생을 개척한 인물들이 적지 않아. 예를 들면 신라 사람 최치원은 당나라에서 뛰어난 문장가로 이름을 날렸지. 하지만 그가 신라로 돌아온 뒤에는 진성여왕에게 '시무 10조'를 올렸다는 기록만이 남아 있어. 시무 10조에는 진골 독점의 귀족 신분 체제를 비판하는 내용이 담겨 있지. 진골 귀족들의 눈 밖에 난 최치원은 지방 관리로 쫓겨나는 신세가 되었어. 신분을 제일의 가치로 여긴 신라는 점점 쇠락의 길을 걸었어. 그리고 실제로 6두품과 손잡은 호족들이 신라를 무너뜨린단다.

부산 동백섬의 바위에 새겨진 글씨
최치원이 가야산으로 가던 도중 아름다운 경치에 취해
돌을 쌓아 해운대(海雲臺)라는 글씨를 새겼다고 한다.
이때부터 해운대라는 지명이 생겼다.

>>>> **설씨의 딸**

백성 중 대다수를 차지하는 농민은 농사를 지으며 국가에 각종 세금을 냈어. 그리고 나라에서 무언가를 짓는다고 하면 거기에 불려가 노동을 했어. 뿐만 아니라 전쟁이 일어나면 군사가 되어 싸워야 했지. 이렇듯 추수한 쌀을 내는 '조세', 지역의 특산물을 바치는 '공물', 노동력을 제공하는 '역'은 농민들의 의무였단다. 지배층은 농민들에게 무언가를 항상 거두어 갔지. 모든 땅이 왕의 땅이고, 모든 백성이 왕의 신하였던 때였으니 왕의 땅을 빌려 쓰는 농민들은 세금을 내고, 왕을 위해 싸워야만 했던 거야.

삼국이 한반도를 놓고 치열하게 싸우던 6세기 말, 신라에서 전해 오는 '설씨의 딸'이라는 이야기가 있어. 가실이란 청년이 설씨 성을 가진 아가씨를 좋아했대. 하지만 먼발치에서 바라볼 뿐, 다가가지 못했지. 그러던 어느 날, 설씨가 어두운 얼굴을 하고 있었어. 알아보니 설씨의 늙고 병든 아버지가 군대에 가야만 했던 거야. 가실은 설씨에게 자신이 대신해서 군대에 가겠다고 말했어. 그러고는 군대에서 돌아오면 자신과 결혼해 달라고 했지. 설씨는 그런 가실이 믿음직스러웠어. 그래서 자신의 거울을 가실에게 주어 두 쪽으로 깨뜨리게 했지. 두 사람은 각자 거울 한 쪽씩 나누어 가져 약속의 징표로 삼았다고 해. 시간이 한참 지나 6년이 흘렀어. 하지만 가실은 돌아오지 않았어. 설씨의 아버지는 딸을 다른 사람에게 시집보내려고 했어. 설씨는 완강히 반대했지만 아버지의 성화를 이겨 내지 못했어. 설씨는 가실이 외양간에 남겨 두고 간 말을 쓰다듬으며 눈물을 흘렸어. 바로 그때 비쩍 마른 사람이 허름한 옷을 입고 나타났어. 그러고는 깨진 거울 반쪽을 보여 주었지. 둘은 끌어안고 울음을 터뜨렸다는 이야기야.

자, 평민들의 삶이 어느 정도 그려지니? 이야기의 주인공인 가실은 돌아왔지만 사실 현실에서는 돌아오지 못한 사람이 더 많았을 거야.

군인으로 끌려간 농민들은 더위와 추위, 굶주림, 언제 죽을지 모른다는 두려움 속에서 쓰러져 갔어.

>>> 재산 취급을 당한 노비

천민은 대부분 노비로 사회의 가장 밑바닥 계층이었어. 노비의 '노(奴)'는 남자 종을, '비(婢)'는 여자 종을 뜻해.

삼국 시대의 노비는 대부분 전쟁 포로였어. 이 시기는 전쟁이 잦았어. 전쟁에서 승리를 거두면 적국의 백성들을 전리품처럼 나누어 가졌지. 전쟁 포로들은 대부분 노비가 되어 궂은 일, 힘든 일을 도맡아 했어. 너희들, '남의 물건을 훔친 자는 노비로 삼는다'는 고조선의 8조법이 기억나니? 죄에 대한 형벌로서 노비라는 신분적 굴레를 씌운 경우이지. 빚을 갚지 못한 경우에도 노비가 되었어. 노비들은 매매, 증여, 상속이 가능한 재산으로 취급당했어. 노비는 그(he)나 그녀(she)가 아니라 그것(it)이었던 거야. 돌쇠, 마당쇠 같은 노비 이름에서도 그 처우가 어땠는지 알 수 있어. 개똥이란 이름을 봐. 개도 아니고 똥이란 말이잖아. 노비에게는 의무만 있을 뿐 권리란 없었어. 그렇게 이들은 평생 주인의 수족으로 살다 죽어야만 했단다.

신분을 나타낸 옷

옷은 신분을 나타내는 유용한 수단이었어. 신라의 관리들은 관등에 따라 자색, 비색, 황색, 청색과 같은 색깔의 옷을 입었어. 한눈에 누가 높은 관리이고 아닌지 알 수 있었겠지. 마치 학생들이 교복 위에 단 명찰 바탕색이 학년별로 다른 것과 같아. 명찰의 색을 보면 누가 고학년이고 저학년인지 알 수 있잖아. 관리의 복색을 달리한 것도 위계를 바로 세우기 위함이었어. 꼭대기에는 왕이 있기 때문에 사실상 왕권 강화를 위한 조치이기도 하지. 지배층은 색이 화려하고 아름다운 무늬를 수놓은 비단옷을 입었어. 왕족과 귀족들은 화려한 장신구를 착용해 자신의 신분을 드러냈어. 겨울에는 귀한 비단옷을 여러 벌 입어 추위를 피했지. 신라 금관총에선 비단벌레의 날개로 장식한 옷이 발견되기도 했어. 이쯤 되면 그들이 누린 삶의 화려함을 엿볼 수 있겠지.

06

쓱 그리기

봉황과 연꽃을 그려
〈백제 금동대향로〉를 완성해 봐.

향로의 연기는
어디로 나올까?

〈백제 금동대향로〉

도읍을
두 번 옮긴 백제

1993년 부여 능산리 고분 서쪽 절터에서 〈백제 금동대향로〉가 발견되었어. 1300년간의 긴 침묵에서 깨어난 순간이었지. 〈백제 금동대향로〉의 모습은 정말 환상적이야. 향로에 정교하고 다양한 문양들이 빈틈없이 새겨져 있는 것이 보이지? 꼭대기에는 태평성대를 가져온다는 봉황이 날개를 펴고 있고 뚜껑에는 신선이 산다는 봉래산이 있어. 산 사이사이로는 향이 피어오르는 구멍들이 나 있어. 산 위로 향이 피어오르는 모습을 상상해 봐. 정말 멋지겠지? 반원 모양의 몸체에는 연꽃이 있어. 백제인들이 꿈꾼 이상적인 세계가 그대로 드러나 있는 작품이야. 이 정도로 훌륭한 작품이 탄생하려면 정치적인 안정은 물론이고 문화적 기반도 성숙되어야 해. 이렇게 아름다운 향로를 제작할 수 있었던 백제의 역사를 좀 살펴볼까.

한반도 가운데에 위치한 한강 유역 지역은 어디로든 진출하기 유리해. 게다가 풍부한 물 자원으로 농사짓기에도 적합했어. 뿐만 아니라 서해를 통해 중국의 선진 문물을 수용할 수 있었지.

자, 머릿속으로 떠올려 봐. 시작부터 한강 유역을 차지하고 있던 나라는? 바로 백제야. 지리적 장점 덕분에 백제는 삼국 중 가장 먼저 전성기를 맞이하지. 이때가 4세기 중엽인데, 4세기 초반에 고구려가 중국 세력인 낙랑군을 몰아내면서 고구려와 백제가 국경을 마주하게 되었어. 낙랑군이란 고조선을 멸망시킨 한나라가 설치한 한사군(행정 구역) 중 하나야. 고구려와 백제 사이의 완충 지대가 사라지자 두 나라 간에 전쟁이 벌어졌어.

백제의 근초고왕은 고구려의 평양성을 공격했어. 이때 고구려의 고국원왕을 전사시키며 대승을 거두었지. 당시 신라는 아직 고구려나 백제를 상대할 만큼 성장하지 못했어. 신라는 백제가 고구려를 견제하기 위해 가야, 왜와의 관계를 강화할수록 고립되어 갔지. 때마침 고구려의 고국원왕이 전사하자 고구려와 신라는 자연스럽게 우호 관계를 맺었어. 이와 같이 4세기는 삼국과 여러 나라가 이해관계에 따라 손을 잡기도, 등을 돌리기도 하는 외교전이 치열하게 전개되었단다.

백제의 전성기는 오래가지 않았어. 북쪽의 고구려에 광개토 대왕과 장수왕이 등장하면서 점차 주도권을 내어 주게 된 거야. 광개토 대왕은 대외 정복 활동을 활발하게 벌여 '광개토(廣開土)'라는 이름답게 영토를 널리 개척했어. 광개토 대왕의 뒤를 이은 장수왕은 고구려의 도읍을 평양으로 옮기고 남하 정책을 펼쳤어.

고구려의 군사적 위협이 거세지자 백제와 신라는 자연스레 손을 잡았어. 433년 나제동맹이 맺어진 것이지. 백제 개로왕은 고구려의 공격이 임박해 오자 국경 방어에 힘을 기울였어. 『삼국사기』를 보면 장수왕이 도림이라는 사람을 도망자로 꾸며 백제로 보낸 이야기가 나와. 개로왕이 바둑을 좋아한다는 점을 이용하려고 보낸 거지. 도림의 뛰어난 바둑 실력에 반한 개로왕은 도림을 궁에 머물게 하며 친절하게 대했어. 도림은 개로왕의 마음을 얻은 뒤 준비한 말을 넌지시 건넸어. 세상 사람들이 백제를 우러러보고 있는데 궁궐이 너무 초라하다고 말이야. 그 말에 넘어간 개로왕은 궁궐을 크고 화려하게 지으라고 명령했어. 대공사가 시작되자 백제 백성들은 개로왕을 원망했고 나라 살림은 거덜 났어. 도림은 몰래 고구려로 돌아가 장수왕에게 백제의 사정을 보고했어. 그리고 475년 장수왕이 3만 명의 군사를 이끌고 백제 수도 한성으로 쳐들어갔어. 갑작스런 공격에 백제는 눈 깜짝할 사이에 무너졌어. 개로왕은 아우인 문주에게 백제 왕실을 부탁한 뒤 고구려군에게 붙잡혔어. 개로왕은 장수왕 앞에서 목이 잘려 죽었단다. 고구려가 백제 왕을 죽이고 한강 유역을 차지함으로써 한반도의 주도권이 고구려로 넘어간 거야.

>>>> 다시 일어서는 백제

개로왕의 뒤를 이은 문주왕은 신라에 가서 구원병을 데리고 돌아왔어. 그러나 수도 한성은 이미 쑥대밭이 되었지. 문주왕은 왕실을 보존하기 위해 도읍을 웅진, 즉 지금의 공주 지역으로 옮기게 돼. 이로써 500년 지속됐던 한성 시대가 막을 내리게 되지. 나라를 지키지 못한 백제 왕실의 권위는 땅에 떨어졌고 귀족들은 임금을 무시했어. 해씨 세력은 문주왕을 제거하고 백제의 권력을 틀어쥐었지. 문주왕의 맏아들 삼근왕이 13세의 어린 나이로 즉위했어. '세 근짜리' 왕이란 뜻의 이름에서도 알 수 있듯이 삼근왕은 허수아비 왕이었지.

허약해진 백제 왕실을 다시 일으킨 것은 무령왕이었어. 무령왕은 22담로를 설치해 귀족 세력을 누르고 고구려에 과감하게 맞서 싸웠어. 담로는 성(城)을 의미하는 지방 행정 구역인데, 전국 22개 지역에 왕족을 파견해 귀족의 권력을 누르고 왕권을 강화한 것이지. 중국 역사책 『양서』를 보면 '백제가 다시 강한 나라가 되었다'라는 기록이 나와. 무령왕 뒤를 이은 성왕은 중국 양나라와 신라에 사신을 보내 외교

무령왕의 무덤

관계를 다졌어. 고구려가 함부로 백제를 넘보지 못하게 할 생각이었
지. 성왕은 나라 이름을 남부여로 바꾸었어. 백제가 부여의 후손이며
옛 부여의 영광을 되찾겠다는 포부였지. 또 늘어난 인구와 물자를 받
아들일 수 있도록 지금의 충남 부여 지역인 사비로 도읍을 옮겼어. 웅
진으로 도읍을 옮긴 것이 어쩔 수 없었던 일이었다면 사비로 천도한
것은 백제가 한성 시대에 버금가는 국력을 갖추었다는 것을 의미해.
〈백제 금동대향로〉는 바로 이 사비 시대에 제작된 거야. 진흙탕 속에
서도 피어오르는 연꽃. 대향로의 몸체에 새겨진 연꽃은 영원한 생명력
을 상징해. 백제가 영원하기를 바랐던 왕실의 염원이 담긴 것이겠지.

>>> 믿는 도끼에 발등 찍힌 백제

백제 성왕 대에도 고구려와의 전쟁은 계속되었어. 고구려를 공격할 기회를 엿보던 성왕은 돌궐이 고구려를 공격하자 신라와 함께 한강 유역의 고구려 성을 공격했어. 돌궐은 몽골고원을 중심으로 활약한 튀르크계 민족이야. 백제와 신라는 고구려가 돌궐 때문에 남쪽에 신경쓸 틈이 없을 때를 이용해 평양까지 밀고 올라가는 큰 성과를 올렸단다. 그런데 신라가 백제와 동맹을 깨뜨려 버렸어. 그러고는 백제가 다시 찾은 한강 유역을 모조리 차지했지. 백제는 믿는 도끼에 발등을 찍힌 셈이지.

성왕은 복수전을 준비했어. 이번에는 왜와 가야까지 끌어들여 힘을 모았지. 554년, 성왕은 직접 군사를 이끌고 신라의 관산성을 공격하려고 했어. 승리에 대한 자신감 때문이었을까. 성왕은 호위병 50명만 이끌고 밤길을 달리다 매복해 있던 신라군에게 붙잡히고 말았어. 신라군은 그 자리에서 성왕의 목을 베어 버렸어. 정말 어이없는 죽음이었지. 관산성에서 싸우던 백제군은 싸울 의지를 잃고 후퇴했어. 이를 뒤쫓은 신라군은 백제군을 전멸시켰어. 신라 응징에 실패한 백제는 기세가 크게 꺾였어. 반면 한강의 주인이 신라로 바뀌면서 신라의 전성기가 시작된단다.

무엇에 쓰는 물건인고?

무령왕 발받침

무령왕비 베개

이건 도대체 무엇에 쓰는 물건일까? 왼쪽은 왕의 발 받침대이고, 오른쪽은 왕비의 베개야. 모두 백제 무령왕릉에서 발견된 장례용 물건들이야. 무령왕릉의 구조는 중국 양나라의 영향을 받은 벽돌무덤 양식이야. 무덤의 구조나 벽돌의 연꽃 무늬가 양나라의 것과 흡사해. 벽돌로 쌓은 아치는 정말 정교해. 관도 일본 소나무인 금송으로 짰어. 금송은 왜에서도 신분이 높은 사람들이 쓸 수 있었는데, 아마 무령왕이 세상을 떠났을 때 왜에서 가져온 것으로 보여. 이건 백제가 왜와 활발한 교류를 했다는 증거야. 웅진 시대의 백제는 주변국들과 교류하며 선진 문물을 받아들였어. 그러면서 다시 한번 백제가 일어설 기틀을 마련한 것이란다.

07

쓱 그리기

〈성덕대왕 신종〉에 새겨진,
날개옷이 흩날리는
비천상(飛天像)을 그려 봐.

문양이 화려하지?
통일신라 때는 불교예술이
한창 꽃피었어.

〈성덕대왕 신종〉

통일신라를 무너뜨린
왕위 다툼

불교 문화는 신라가 삼국을 통일하면서 화려하게 꽃피었어. 이 시기에 세워진 불국사는 '부처님의 나라'라는 뜻을 담고 있지. 통일신라가 불교의 전성기를 맞이하면서 〈성덕대왕 신종〉 같은 걸작도 탄생했어. 너희들 에밀레 종 설화를 알고 있지? 통일신라의 경덕왕이 아버지 성덕왕을 기리려고 종을 만들었는데, 아무리 종을 쳐도 소리가 나지 않았다는 거야. 그러던 중 봉덕사 주지 스님이 꿈속에서 계시를 받았어. 시주를 하러 갔다가 너무 가난해서 그냥 돌아온 집이 있었는데, 그 집 갓난아기를 데려와야 종소리가 난다는 계시였지. 그래서 갓난아기를 펄펄 끓는 쇳물 속에 넣고 그것으로 종을 다시 만들었다는 거야. 그러자 맑은 종소리가 울려 퍼졌다지. 이때 "에밀레" 하는 아기 울음소리가 섞여 나왔다고 해서 〈성덕대왕 신종〉을 '에밀레 종'이라고도 부른다는 이야기가 있어.

>>>> 에밀레 종에 인신 공양을 했을까?

갓난아기를 희생물로 이용했다는 에밀레 종 설화는 사실일까? '인신 공양'은 신에게 인간을 제물로 바치는 의식을 말해. 사실 신라에 인신 공양 풍습이 있었음을 알려 주는 유물들이 있어. 월성 부근 우물 속에서 어린 아이의 뼈가 발견된 것이 그중 하나야. 월성이란 신라 왕들의 궁성이 있던 곳으로, 반달 모양의 언덕을 깎아 만든 곳이란다. 우물 안에서 아이의 뼈뿐만 아니라 귀신이나 부정함을 쫓아내는 제물들도 함께 발견되었지. 최근에는 월성 서쪽 성벽의 기초에서 두 구의 유골이 발견되었어. 어쩌면 성벽 공사의 안정을 기원하는 동시에 땅의 사악한 기운을 막으려고 인신 공양을 했을지도 몰라.

1998년, 사람들은 에밀레 종의 성분을 분석했어. 하지만 인체 성분은 발견되지 않았지. 그렇다면 에밀레 종 설화는 순전히 거짓 이야기에 불과할까? 혹시 이 이야기가 당시 시대의 변화상이나 정치적인 암시를 보여 주는 것은 아닐지 생각해 보면 어떨까.

>>>> 왕과 귀족의 힘 겨루기

〈성덕대왕 신종〉은 경덕왕의 아들인 혜공왕이 뒤를 이어 완성시켰어. 혜공왕은 여덟 살에 왕위에 올랐는데, 귀족들은 기다렸다는 듯 어린 왕을 위협했지. 삼국 통일 이후의 왕들은 수상격인 시중의 권한을 강화시켜 귀족들을 견제했어. 이 시기에 귀족들은 기존에 누리던 정치적, 경제적 특권에 제약을 받을 수밖에 없었지. 그래서 그동안 왕권에 눌려 있었던 귀족들은 혜공왕이 즉위하자 앞다투어 음모를 꾸몄어.

그런데 귀족들을 돕기라도 하듯 혜공왕 즉위 초부터 묘한 일들이 일어났어. 태양이 두 개가 떴다거나, 다리가 다섯 개인 송아지가 태어났다거나 하는 일들이 있었다는 거야. 귀족들은 불길한 현상들을 왕의 부덕함 탓으로 돌리며 책임을 물었어. 이런 혼란스러운 분위기 속에서 삼국 통일 이후 처음으로 반란이 일어났어. 충격적인 사실은 왕을 보좌하는 시중까지 반란에 가담했다는 거야. 그만큼 왕권이 보잘것없었다는 말이겠지. 혜공왕은 잦은 반란 속에서 방탕하게 생활했어. 그리고 결국 신라의 최고 관직인 상대등 김양상 세력의 반란군에 의해 목숨을 잃게 되었단다. 혜공왕이 죽자 귀족들은 반란의 일등공신인 상대등 김양상을 왕으로 추대했지. 이렇게 해서 김양상이 왕위에 올라 선덕왕이 되었어. 원래는 왕이 될 수 없는 사람이 왕이 된 것이지. 이제 귀족들은 자신도 왕이 될 수 있다는 생각을 갖게 되었어. 결국 통일신라의 역사가 끝날 때까지 반란이 꼬리에 꼬리를 물고 계속 이어졌단다.

>>>> 경주는 누런 잎처럼 망하리

김부식은 『삼국사기』에서 혜공왕을 마지막으로 신라의 전성기가 끝났다고 보았어. 신라는 혜공왕 이후 나라가 멸망할 때까지 약 150년 동안 무려 20명의 왕들이 재위했단다. 왕들은 반란으로 죽거나, 병으로 죽거나, 의문의 죽음을 맞이한 경우가 많았어. 『삼국사기』에서는 왕실의 변화에 따라 시대를 상대, 중대, 하대로 나누었는데 그야말로 신라 하대는 귀족들에 의한 왕위 쟁탈전의 시기였어.

제51대 진성여왕이 집권하면서 신라는 빠른 속도로 무너져. 지방에서 세금이 걷히지 않았고, 지금의 경주인 서라벌에는 진성여왕과 신라가 망하리라는 전단까지 뿌려졌어. 호족 세력은 군사를 일으켜 독립하기 시작했지. 견훤은 전라도 일대에 후백제를 세우고 스스로 왕이 되었어. 얼마 뒤 궁예가 후고구려를 세우자 다시 삼국 시대가 시작되었어. 이때를 우리는 '후삼국 시대'라고 불러. 엎친 데 덮친 격으로 전국에서 농민 반란이 일어나자 신라는 바람 앞의 등불 신세가 되었단다.

『삼국사기』에는 '계림은 누런 잎처럼 망하고, 개성은 푸른 솔처럼 살아난다'는 노랫말을 담은 〈계림요〉가 실려 있어. '계림'은 경주, '요'는 짤막한 노래란 뜻이야. 이 노래는 한마디로 신라가 망하고 고려가 흥한다는 내용이야. 신라 백성들은 〈계림요〉를 부르며 새로운 세상을 꿈꾸었어. 호족은 백성들의 바람을 현실로 만들고 있었어.

다시 혜공왕 이야기로 돌아가 볼까. 혜공왕은 할아버지 성덕왕의 강력했던 왕권을 그리워하며 〈성덕대왕 신종〉을 완성했을 거야. 하지만 왕권 강화의 꿈은커녕 반란의 시대를 열게 되었지. 갓난아기를 봉

양했다는 에밀레 종 설화에는 권력욕에 눈먼 귀족들이 민심에 귀 기울여 줬으면 하는 백성들의 염원이 담겨 있는 게 아닐까.

+ 더 알아보기

해상왕 장보고, 육상왕을 꿈꾸다?

신라의 역사가 저물어 가던 왕위 쟁탈전의 시기에 영웅이 등장했어. 바로 장보고야. 장보고는 활을 잘 쏘기로 유명했어. 하지만 신라에서는 출셋길이 막힌 평민이었지. 장보고는 당나라로 건너갔고, 잇따라 공을 세우며 장교가 될 수 있었어. 하지만 해적질로 당나라에 팔려 온 신라인들의 처참한 노예 생활을 보고는 신라로 돌아왔단다. 신라의 흥덕왕은 장보고에게 1만의 군사를 내주고 청해진에 자리를 잡게 해 주었어. 장보고는 해적 소탕은 물론이고 청해진을 중국과 일본 사이의 무역 거점으로 만들었지. 이제 청해진은 해군 기지뿐만 아니라 동아시아 무역을 연결하는 중요한 역할까지 하게 된 거야.

해상권을 틀어쥔 장보고는 정치에도 막강한 영향력을 끼쳤어. 민애왕은 장보고의 군대에게 죽임을 당했고, 신무왕은 장보고 덕에 왕에 올랐지. 장보고는 사실상 왕과 다름없는 권력을 갖고 있었던 거야. 하지만 장보고는 자신의 딸을 문성왕의 왕비로 들이려다 반역자로 몰려 자객에게 목숨을 잃어. 귀족들이 평민 출신인 장보고의 딸이 왕비가 될 수 없다며 반대했거든.

고려 시대

08

쓱 그리기

점선을 따라
불상을 그려봐.

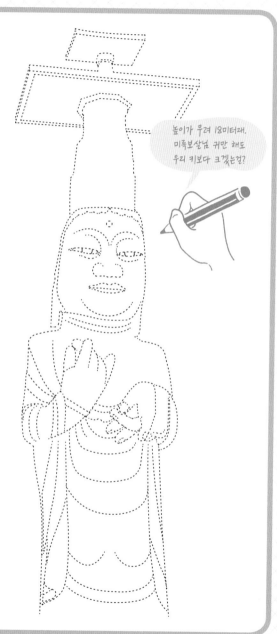

높이가 무려 18미터래.
미륵보살님 귀만 해도
우리 키보다 크겠는걸?

〈관촉사 석조 미륵보살 입상〉

국가가 밀어 준
불교

너희들이 그려 본 〈관촉사 석조 미륵보살 입상〉은 고려 제4대 왕인 광종 때 만들어졌어. 불상 이름에도 공식이 있는데, 알고 있니? 장소+재질+부처+자세 순으로 이름을 붙여. 〈관촉사 석조 미륵보살 입상〉은 논산에 위치한 관촉사에 돌로 만든 미륵보살이 선 자세로 있는 것이지. 이 불상에는 전설이 전해져. 어느 날 갑자기 가야산 중턱에서 커다란 돌이 솟아올랐대. 소식을 들은 광종은 그 돌로 불상을 만들라고 명령했어. 불상이 완성되자 불상에서 눈부신 빛이 뻗어 나가더니 중국 송나라까지 비추었대. 그래서 이 불상을 모신 절의 이름이 '빛을 본다'는 뜻의 '관촉사(灌燭寺)'라고 지어진 거야. 이 불상을 만든 광종은 호족의 힘을 누르고, 왕권을 강화시킨 왕이야. 광종은 왕의 위엄을 드러내기 위해 이 불상을 만들지 않았을까. 너희가 그려 봐서 알듯이 불상의 귀가 어깨까지 늘어져 있는데, 백성의 소리에 귀 기울이겠다는 광종의 의지를 그렇게 표현한 것일지도 몰라. 혼란스러웠던 후삼국 시대를 거치며 많은 고통을 당한 고려 백성들에게 불교는 분명 큰 위로가 되었을 거야.

>>>> 사람 사는 집보다 절이 더 많은 곳

태조 왕건은 후삼국을 통일하고 고려가 건국된 것은 부처의 도움 덕분이라며 불교를 적극 장려했어. 태조는 세상을 떠날 무렵 자손들에게 전할 말들을 담은 「훈요십조」를 남겼는데, 여기서 태조는 후대 왕들에게 연등회와 팔관회 같은 불교 행사를 성대하게 열라고 당부했어. 불교는 이렇듯 고려 왕실의 지원과 보호 아래 꽃피었어. 고려의 왕들은 불교를 중심으로 백성들이 한마음으로 똘똘 뭉치기를 바랐어.

고려는 왕에서부터 노비까지 불교를 믿는 불교 국가야. 그러니 승려의 인기는 두말할 나위 없이 높았겠지. 한 집안에 아들이 여럿이면 그중 하나를 출가시키는 일도 빈번했어. 왕족이나 귀족이 승려가 되는 것도 특별한 일이 아니었지. 원래 승려는 승과라는 시험에 합격해야 될 수 있어. 하지만 승려를 사칭한 가짜들이 적지 않았어. 승려는 나라의 공사에 동원되지 않았을 뿐만 아니라 세금 납부도 면제되었거든. 고려 정부는 가짜 승려를 가려내는 일로 골치가 아팠지. 오죽했으면 개경에는 사람 사는 집보다 절이 더 많다는 기록이 전해질까.

>>>> 절에서 공양만 드린 건 아니야

절은 단순히 공양만 드리는 장소가 아니었어. 왕실이나 관청에서 쓰는 종이나 책 등을 절에서 제작했단다. 절에는 불경이나 탑, 불상을 제작하는 기술자들이 있었어. 이들이 만든 공예품이나 물건들은 시장에서 팔리기도 했지.

불교 행사가 열릴 때마다 절 앞은 북새통을 이루었어. 백성들은 이곳에서 필요한 물건을 사거나 자신이 만든 물건을 팔았지. 이렇게 경제 활동이 활발히 이루어지다 보니 절은 은행 역할까지 맡게 되었어. 게다가 넓은 토지를 가지고 있어 농민들에게 땅을 빌려주고 대가를 받아 큰돈을 벌어들였단다.

이처럼 경제 활동이 확대되면서 불교는 점차 처음의 뜻을 잃어 갔어. 사람들에게 돈을 빌려주고 제때 갚지 못하면 그만큼의 땅을 빼앗기도 했지. 높은 이자를 받는 고리대금업으로 돈을 번 거야. 절 소유의 땅이나 소를 빌려줄 때도 마찬가지였어.

경상남도 양산에 있는 통도사는 절이 소유한 땅의 경계을 나타내는 국장

〈양산 통도사 국장생 석표〉
절이 소유한 땅의 경계를 표시한다.

생 석표 12개를 세웠는데, 그 둘레가 자그마치 14km에 이른다고 해. 부를 엄청나게 축적했다는 것을 알 수 있겠지? 물론 모든 승려들이 다 그런 것은 아니야. 불교계에서도 처음의 순수한 모습으로 돌아가자는 개혁 운동이 일어났단다.

>>> **교종과 선종**

불교는 크게 두 갈래로 나뉘어. 부처님 말씀을 담은 경전을 통해 교리를 연구하는 교종, 참선을 통해 깨달음을 얻는 선종이 있어. 둘 다

대각국사 의천

부처의 깨달음을 얻으려는 목적은 같아. 단지 방법이 다른 것이지. 교종과 선종은 서로 자신들의 수행 방법이 옳다고 여겨 다투었어. 이 문제의 해결사로 등장한 분이 대각국사 의천이야.

의천은 고려의 제11대 왕 문종의 넷째 아들로 왕자야. 고려의 전성기를 이끌었던 문종은 자식 중 하나를 출가시키고 싶었어. 평소 불교에 관심이 많던 넷째가 아버지의 뜻을 따라 승려가 되었지. 교종과 선종의 다툼에 한계를 느낀 의천은 더 큰 가르침을 얻기 위해 송나라로 유학을 갔어. 그리고 1년 뒤 수천 권의 불교 경전을 갖고 고려로 돌아왔어. 그러고는 천태종을 세워 교종과 선종을 하나로 만들기 위해 노력했단다.

≫≫ 목탁 대신 칼을 든 승려

고려는 제6대 왕 성종 이후로 유학이 장려되었어. 하지만 고려 시대 유학자 대부분은 불교 신자였지. 『삼국사기』를 지은 유학자 김부식도 절을 지을 정도로 독실한 불교 신자였어. 고려 전기에는 불교와 유교가 조화를 이루며 발전했단다. 승려들은 외세의 침입이 있을 때마다 목탁 대신 칼을 잡고 나라를 지켜냈어. 승려들로 조직된 군대를 '승군'이라고 해.

1231년, 몽골의 살리타 장군이 고려를 침략했어. 수도 개경이 함락

될 상황에서 고려와 몽골은 싸움을 그치기로 하는 강화를 맺어 일단 위기를 넘겼어. 이듬해에 고려 정부는 몽골과의 장기전에 대비해 강화로 수도를 옮겼지. 몽골은 이걸 자신들에 대한 도전으로 여겨서 고려를 다시 공격했어. 이때 용인 처인성에서 승장 김윤후가 적장 살리타를 죽였어. 승장은 승군의 장수를 뜻하는 말이야. 사령관을 잃은 몽골군은 후퇴했지. 처인성 전투는 승군과 백성들이 이뤄 낸 승리였어.

어디, 그뿐인가? 경상북도 상주 백화산에는 저승골이라는 섬뜩한 골짜기가 있어. 1254년 고려를 침략한 몽골군이 승병들에게 떼죽음을 당한 곳이라고 해. 고려 시대 역사를 기록한 『고려사절요』에는 적장 차라대가 병사 5,000여 명을 이끌고 상주산성을 공격했다가 패배했다는 내용이 나와. 승병들이 백화산 계곡으로 몽골군을 유인해 절반을 죽였던 것이지. 이처럼 불교는 때로 칼을 잡고 나라를 지켰단다.

연등회와 팔관회

연등회는 2월 보름에 열리는 불교의 축제야. 절과 집집마다 걸린 연등이 화려한 빛을 내뿜어. 한 해 농사가 시작되기 전에 실컷 즐기고 풍년을 기원했던 거야. 부처님께 나라의 평안을 빌며 왕과 귀족, 백성들이 어우러져 모두가 한 공동체임을 확인하는 자리이기도 했어.

팔관회는 뭐냐고? 팔관회는 원래 불교 신자들이 지켜야 할 여덟 가지 규칙을 실천하는 의식이었어. 그러다 나라를 지켜 주는 여러 신들을 위한 제사도 지내게 되면서 고려 최대의 문화 축제로 자리매김했어. 외국 사신들도 국왕에게 인사를 드리고, 특산물을 바쳤어. 국왕은 답례로 잔치를 열어 함께 즐겼지. 이때 각국 상인들도 몰려들어 무역도 활발해졌다고 해. 그야말로 고려판 국제 무역 박람회라고 해도 손색이 없어.

09

쓱 그리기

고려 장수 윤관의 모습을
따라 그리고 색칠해 봐.

눈매가 부리부리하지?
여진족을 물리치고 옛 고구려 땅을
되찾은 용맹한 장군이야.

윤관의 초상

뛰는 놈 위에 말 탄 놈 있다, 윤관의 여진 정벌

고려의 장수 윤관을 그려 보았니? 너희가 그린 윤관은 영토 확장에 공을 세운 장군이야. 여진족을 물리치고 동북 9성을 쌓았지. 윤관 덕분에 두만강 이남이 고려 땅이 된 것이지. 옛 고구려 땅을 되찾았으니 태조 왕건이 지하에서 춤을 추었을 거야. '고려'라는 국호도 고구려를 계승하겠다는 의미로 지었고, 고구려의 수도였던 평양을 서경이라고 해서 제2의 수도로 삼았으니까 말이야. 게다가 태조는 고구려의 옛 영토를 회복하자며 북쪽으로 나아가는 북진 정책을 외쳤거든. 하지만 동북 9성을 쌓고 옛 고구려 땅을 되찾은 개선장군으로 칭송받아야 할 윤관은 결국 비운의 장수가 되었어. 도대체 왜? 먼저 당시 고려의 상황을 살펴보자.

≫≫≫ 편할 날 없는 고려의 북방

거란의 세 차례 침입을 잘 막아 낸 고려는 안정기에 접어들었어. 고려, 중국의 송나라, 거란이 세운 요나라가 균형을 이루고 있었지. 그런데 12세기가 되면서 만주의 여진족이 무섭게 성장했어. 북방의 지배자는 차츰 거란에서 여진으로 기울고 있었어. 여진은 말갈족의 후예야. 발해가 망하고 감시가 소홀해진 틈을 타 성장한 것이지.

여진은 원래 고려를 부모의 나라로 섬겼어. 고려는 여진 사람이 귀화하면 집과 토지, 벼슬까지 내려 주며 이들을 달래 다스리는 회유책을 썼어. 여진은 자신들에게 필요한 생필품을 교역하기 위해 고려에 몸을 낮추었단다. 그런데 완안부, 즉 지금의 하얼빈 부근에 기반을 둔 여진족이 다른 지역의 여진족들을 통일해 나갔어. 강해진 여진이 고려를 약탈하기 시작하면서 이들은 고려의 큰 걱정거리가 되었어.

고려는 여진과의 첫 전투에서 크게 패했어. 기세등등한 여진은 고려의 백성을 죽이고 재물을 약탈했지. 놀란 숙종은 부처님에게 여진을 물리치게 해 준다면 그 땅에 절을 짓겠다는 약속까지 했어. 숙종은 윤관을 지휘관으로 보내 여진을 막게 해. 하지만 윤관도 군사 절반을 잃는 패배를 당했어. 그 뒤로 윤관은 여진 정벌을 위한 칼을 갈았지.

고려의 역사를 기록한 『고려사』의 「윤관 열전」을 보면 숙종이 윤관에게 패배의 원인을 묻는 장면이 나와. 윤관은 "적은 기병인데 우리는 보병이라 대적할 수 없었기 때문입니다"라고 보고해. 젖만 떼면 말을 타는 기마 민족을 상대하려면 고려도 기병 중심의 군대가 필요했어. 기병은 오늘날 장갑차 부대 정도라고 보면 돼. 윤관의 건의로 고려에 별무반이 창설되었어. '별무(別武)', 말 그대로 여진의 기병을 무찌르기 위해 별도로 조직된, 특별한 무예를 지닌 군대였어.

하지만 숙종은 별무반의 활약을 보지 못하고 세상을 떠났어. 뒤를 이은 예종은 윤관에게 선왕의 뜻인 여진 정벌을 명했지. 윤관은 훈련된 17만 대군을 이끌고 동쪽 국경으로 향했어. 이 정도 규모라면 고려에 있는 남자 대부분이 군대에 동원된 거야. 그만큼 여진에 대한 위기의식이 높았다는 것이겠지.

윤관은 막무가내로 싸우기보다는 적을 유인해 무찌르는 작전을 펼쳤어. 사로잡은 포로를 풀어 주겠다며 여진의 족장들을 초대해 연회를 베푼 것이지. 족장들은 윤관의 꾀에 속아 마음 놓고 술을 마시다 숨어 있던 병사들의 칼에 목숨을 잃었어. 적의 기세를 꺾는 데 성공한 윤관은 적진 깊숙이 나아갔어. 별무반을 앞세운 공격은 효과가 있었어. 기병 대 기병으로 싸우니 대등한 싸움이 가능했거든. 게다가 군사의 수에서도 고려가 우세했어. 여진은 철저하게 준비된 고려군 앞에 속절없이 무너졌지. 1107년, 윤관은 점령지에 동북 9성을 쌓아 고려 영토로 관리하기 시작했어. 동시에 언제 있을지 모를 여진의 공격에 대비해 방비를 강화했지.

>>> 동북 9성을 돌려주고, 금에 고개를 숙이다

여진은 빼앗긴 땅을 되찾으려고 했어. 다시는 고려를 공격하지 않을 테니 동북 9성을 돌려달라고 부탁했지. 안 그래도 고려 조정에서는 계속되는 전쟁에, 전염병까지 돌자 여진의 요구를 수용하자는 의견이 대세를 이루었어. 설상가상으로 윤관 때문에 전쟁이 계속되어 나라가 큰 피해를 입었으니 그를 벌해야 한다는 주장까지 나왔지.

개선장군 윤관을 보는 고려 조정의 분위기는 싸늘했어. 결국 예종은 고려군을 철수시키고 동북 9성을 여진에게 돌려주었어. 힘들여 성을 쌓은 고려 병사들의 수고가 다 헛된 일이 되었지. 그나마 다행인 것은 여진이 고려를 공격하지 않겠다는 약속을 끝까지 지켰다는 거야.

1115년, 여진은 송나라와 손잡고 거란을 물리친 후 금나라를 세웠어. 금나라는 고려에 노골적으로 왕과 신하의 관계를 요구했어. 10년 뒤 금나라는 송나라마저 무너뜨리고 북중국을 차지했단다. 1122년, 예종이 죽자 14살이 된 어린 왕 인종이 즉위했어. 고려는 인종의 외할아버지 이자겸의 뜻대로 움직였어. 이자겸은 자신들을 왕의 나라로 대접하라는 금나라의 요구를 받아들였지. 고려가 금나라를 섬기게 된 거야. 이로써 옛 고구려 땅을 수복하자는 북진 정책의 깃발은 꺾이고 말았어. 고려의 자주성에도 크게 금이 갔단다.

북방 유목 민족

중국에서는 진시황이 건설한 만리장성 이북의 이민족들을 흔히 '오랑캐'라 불렀어. 흉노, 돌궐, 거란, 여진이 대표적이지. 사실 상대를 멸시하는 오랑캐라는 말보다는 '북방 유목 민족'이라는 표현이 더 적절해. 이들은 고려의 국경도 자주 침범했어. 중국에 쳐들어갈 때 후방을 안정시키기 위해서 침범하는 경우도 있었고, 외교 관계가 문제가 되어 침범하기도 했지. 단순히 정복욕 때문에 쳐들어온 경우도 있었어. 고려에 침입한 북방 유목 민족의 순서를 알아볼까. 거란→여진→몽골 순이야. 나라 이름으로 바꿔 보면 요→금→원 순이지. 거란은 고려를 세 차례 침입했어. 서희, 강감찬이란 이름이 떠오르지. 여진은 윤관이 혼쭐을 냈고. 금은 훗날 후금이라는 이름으로 부활해 중국 명나라를 무너뜨리고 청나라를 세운단다. 몽골은 고려를 여섯 차례 침입해 결국 항복을 받아내. 몽골은 세계 제국인 원나라를 세워 아시아는 물론 유럽까지 세력을 뻗어 나갔단다.

10

쓱 그리기 〈청자 투각칠보문뚜껑 향로〉 위쪽의 칠보 무늬와
향로를 받치고 있는 두마리 토끼를 따라 그려 봐.

참 아름답지? 그런데
이걸 만든 시대의 분위기는
마냥 아름답진 않았어.

〈청자 투각칠보문뚜껑 향로〉

흔들리는
문벌 귀족 사회

너희가 그린 향로는 〈청자 투각칠보문뚜껑 향로〉라고 해. 향로를 떠받치고 있는 토끼가 정말 앙증맞지. 향이 피어나오는 뚜껑 부분에는 구멍이 뻥뻥 뚫려 있는데, 이것을 '투각'이라고 해. 이 구멍 모양을 변형 없이 구워 내는 것은 정말 고난도의 기술이야. 연두 빛깔의 색이 정말 영롱하지. 그 색을 '비색'이라고 해. 중국 남송에서도 고려의 비색은 그 누구도 따라 할 수 없으며, 천하제일이라고 치켜세웠대. 세련되고 고급스러운 고려청자는 외교적인 안정과 글을 숭상하는 문벌 귀족 사회의 분위기 속에서 탄생했단다. 이렇게 아름다운 향로가 탄생할 수 있는 분위기라니, 문벌 귀족 사회는 어땠으며 그들은 어떤 사람들이었을까? 향로처럼 마냥 아름답고 좋기만 했을까?

>>> 문벌 귀족이 등장하다

고려는 호족의 힘으로 세워졌어. 송악의 호족 출신인 왕건은 스물 아홉 번의 혼인을 통해 전국에서 힘깨나 쓰는 호족들을 가족으로 만들었어. 그들과 연합하고 힘을 모아서 고려를 건국한 것이지. 그래서 우리가 고려 초기를 '호족 연합 정권'이라고 부르는 거야. 처음에 고려는 고구려 계승을 외치며 자주적이고 진취적인 모습을 보였어. 왕권을 강화하면서 호족들과 몇 차례 충돌이 있었지만 국가 조직을 착착 갖추어 갔지. 하지만 성종 대에 이르러 나라가 안정기에 접어들자 호족들은 점점 배부른 소리만 해댔어. 음서, 공음전 같은 특권과 폐쇄적인 결혼제도를 통해 '문벌 귀족'으로 변한 거야. 끼리끼리 혼인하는 통혼권, 과거를 통하지 않고 5품 이상 고관의 자녀를 관리로 채용하는 음서, 땅을 세습하여 물려주는 공음전까지 고려 사회는 모순들이 쌓여갔어. 단지 아버지를 잘 만나서, 금수저를 물고 태어났다는 이유만으로 이렇게 다양한 특권을 누린다면 하급 관료들이나 백성들 입장에서는 불만이 쌓이겠지. 이렇게 쌓인 모순들은 곪아 터질 수밖에 없었어.

>>> 임금 위의 존재, 이자겸

그 대표적인 예가 바로 이자겸이야. 우리 역사에서 폐쇄적 혼인의 끝판왕을 뽑는다면 이자겸을 빠뜨릴 수 없어. 이자겸 집안은 대대로 왕실과 혼인 관계를 맺어 외척 세력, 즉 어머니 쪽의 친척으로서 지위와 특권을 톡톡히 누렸거든. 이자겸의 할아버지 이자연은 세 딸을 문종에게 시집보냈어. 이때부터 큰 권력을 갖게 된 경원 이씨 집안은 이자겸 대에 이르러 최전성기를 누려. 이자겸의 둘째 딸은 예종의 왕비로 들어가 인종을 낳았어. 인종이 14살에 왕이 되자 이자겸은 자신의 셋째와 넷째 딸을 인종과 혼인시켰어. 그러니까 이자겸이 인종의 외할아버지 겸 장인이 된 거야. 지금의 상식으로는 말도 안 되는 막장이지? 인종인들 이모들과 혼인하고 싶었겠니. 모두 이자겸의 권력욕이 낳은 결과였어. 이자겸은 어린 왕을 등에 업고 나랏일을 쥐락펴락했단다.

이런 일도 있었대. 어느 날 인종이 외조부인 이자겸을 신하와 다른 격으로 대우하겠다고 말했어. 그러자 신하들이 이자겸은 왕에게 글을 올릴 때 신하라는 뜻의 '신(臣)'이란 표현을 쓰지 않고, 연회 때도 왕 옆에 앉을 수 있게 하자고 했다는 거야. 또, 이자겸은 자신의 생일을 왕이나 태자에게만 붙일 수 있는 '절(節)'을 사용해 '인수절'이라고 불렀다고 해. 이자겸이 인종을 부를 때에는 손가락을 까딱했다고 하니 이건 정말 신하의 태도로 볼 수 없겠지?

>>>> **이자겸의 난**

시간이 지나 인종은 18살의 어엿한 청년이 되었어. 인종은 이제 이자겸의 횡포를 더 이상 방치할 수 없겠다는 생각이 들었어. 게다가 고려에 '목자가 왕이 된다'는 소문까지 퍼지고 있었어. 이게 무슨 말이냐고? 목(木) 밑에 자(子)를 붙이면 이(李)가 되니까 이자겸이 왕이 된다는 말이었지.

인종은 계획을 세웠어. 이자겸과 그의 오른팔인 척준경을 제거하려는 계획이었지. 이 사실을 눈치 챈 이자겸은 척준경과 함께 선수를 쳤어. 외할아버지와 손자의 대결, 아니 장인과 사위의 1차 대결은 이자겸의 승리였어. 척준경은 여진 정벌에 공을 세운 무신인데, 이자겸의 사위가 되면서 승승장구한 인물이야. 인종의 군사들이 척준경의 아들을 살해하자 척준경은 궁궐에 불을 지르고 인종 측 신하들을 모두 죽였다고 해. 상황이 급박해진 인종은 이자겸에게 왕위를 넘기겠다는 조서를 내렸어. 결국 인종의 계획은 실패로 돌아갔고, 이자겸은 왕 위의 왕처럼 군림했단다. 1126년에 일어난 이 사건을 '이자겸의 난'이라고 불러.

이자겸의 난 이후 이자겸이 인종을 살해하려 한다는 소문이 파다했어. 이자겸이 인종에게 떡을 올렸는데, 인종이 먹지 않고 버린 것을 까마귀가 쪼아 먹고 죽었다고 해. 독을 묻힌 떡이었던 거지. 또 한번은 이자겸이 독을 탄 보약을 인종에게 보냈는데, 왕비가 일부러 그릇을 엎어서 위기를 넘겼다는 이야기도 있어. 하지만 인종은 이자겸의 핍박 속에서도 반전의 기회를 노리고 있었단다. 때마침 이자겸과 척준경 사이에 불화가 생겼어. 인종은 이 틈을 이용해 척준경을 자기 편으로 만드는 데 성공했어. 이 사실을 알아차린 이자겸이 이번에도 선수를 쳤지만 척준경의 힘을 당해 낼 수 없었어. 척준경이 인종을 호위하자 이자겸의 군사들은 추풍낙엽처럼 쓰러졌어. 믿는 도끼에 발등을 찍힌 이자겸은 소복 차림으로 인종 앞에 나와 항복을 했어. 이자겸은 대역 죄인이 되어 지금의 전라도 영광 지역으로 귀양을 갔단다.

≫≫ 도읍을 옮겨라!

반란은 해결했으나 나라에는 또 다른 문제가 있었어. 이자겸은 집권 당시에 여진족이 세운 금나라가 고려에 군신 관계를 요구했을 때 순순히 받아들였거든. 금나라에 대한 고려의 태도를 두고 두 정치 집단이 대립했어. 금나라의 사대 요구를 수용한 개경파, 강력히 반발한 서경파야. 개경파의 대표 인물은 이자겸의 뒤를 이은 김부식이야. 서경파에는 신진 세력인 정지상, 묘청 등이 있었지.

두 세력의 갈등은 사실 밥그릇 다툼이나 마찬가지였어. 문벌 귀족은 아버지의 관직을 물려받는 음서로 대대로 특권을 유지할 수 있었어. 반면 광종 대에 실시한 과거로 중앙에 진출한 신진 세력, 즉 서경파는 고위직 진출이 힘들었어. 누구는 아버지 덕에 승승장구하는데 누구는 실력이 출중해도 밑을 맴도는 현실이었지. 나라를 개혁하려는 마음이 가득한 서경파는 개경파의 세력 기반이 있는 개경을 벗어나고자 했어. 안 그래도 이자겸의 난으로 궁궐이 불타자 도읍을 옮겨야 한다는 의견이 힘을 얻고 있었어.

인종은 정지상의 추천을 받아 서경 천도를 주장하는 묘청을 등용했어. 묘청은 서경에 궁궐을 짓고 수도를 옮기면 금나라가 고려에 무릎을 꿇게 될 것이라고 말했어. 마치 서경으로 천도하면 모든 일이 잘될 것처럼 말이야. 인종은 왕권 강화를 위해 묘청의 주장대로 서경에 '대화궁'이라는 궁궐을 짓도록 명했어. 하지만 개경파들의 거센 반격이 시작됐어. 개경파는 묘청이 거짓말을 일삼는 요망한 중이라고 공격했어. 태조 왕건이 정한 도읍지를 함부로 옮겨서는 안 된다는 나름의 논리까지 펼치면서 말이지.

'대동강 떡 사건'이라고 들어 봤니? 이즈음에서 묘청은 무언가 보여 줘야만 했어. 묘청은 대동강에 몰래 떡을 뿌려 놓았어. 떡 기름이 물에 번지자 강물에 오색 빛이 퍼져 나갔어. 이를 두고 사람들은 용이 침을 뱉은 상서로운 기운이라고 했지. 이를 이상하게 여긴 김부식이 강바닥을 조사했더니 강에 떡이 가라앉아 있었다고 해. 인종은 점차 묘청을 의심하기 시작했고, 개경파의 목소리도 점점 높아졌어. 하지만 묘청은 어떤 일이 있더라도 서경 천도를 반드시 해낼 작정이었어.

≫≫≫ 묘청의 난

1135년, 묘청과 그를 따르던 무리는 결국 새 나라를 세우고 반란을 일으켰어. 인종은 서경을 공격하되, 무지하여 묘청 편에 선 백성들은 죽이지 말라고 명했어. 김부식은 진압군을 이끌고 개경에 남아 있던 정지상 등의 서경파 인물들을 모두 죽여 버렸지. 군대가 서경을 포위하자 반란군들은 김부식 쪽으로 기울었어. 결국 묘청은 자신을 따르던 부하의 손에 죽임을 당했단다.

하지만 김부식은 인종의 명령에 따르지 않고 서경 백성들을 죽이기 시작했어. 서경파의 씨를 말려 후환을 없애려 했던 거야. 항복해 봐야 소용없다는 것을 알아챈 서경 백성들은 진압군을 상대로 끝까지 싸웠어. 하지만 1년여 만에 진압되었지. 고려는 다시 개경파가 힘을 잡았고, 문벌 귀족의 힘은 더욱 더 강해졌단다.

문벌 귀족 김부식이 쓴 『삼국사기』

고려의 문벌 귀족은 금나라의 사대 요구를 받아들였어. 금나라와 전쟁을 일으켜 백성들의 삶을 피폐하게 만들 수 없다는 이유였지. 하지만 사실은 자신들의 부와 권력 기반을 안정적으로 유지하는 데 급급했다고도 볼 수 있어. 문벌 귀족의 대표 인물인 김부식은 『삼국사기』에 고구려와 백제가 중국을 거역해 멸망했다고 기록했어. 김부식은 전쟁보다 금나라에 머리를 숙이는 것이 낫다고 생각한 거야. 고구려를 잇겠다는 당찬 포부나 의식은 찾아보기가 힘들지.

『삼국사기』

『삼국유사』

　김부식은 『삼국사기』에 삼국 중 신라가 가장 먼저 세워졌다고도 기록했어. 너희도 알다시피 사실 신라가 가장 나중에 세워졌는데도 그렇게 쓴 걸 보면 그가 역사를 신라 중심으로 서술한 것을 알 수 있겠지? 김부식은 신라의 후손이자 경주 출신이야. 팔이 안으로 굽은 것이지. 또 유학자답게 현실에서 일어날 만한 일이 아닌 신화, 전설, 민담 등을 싣지 않았어. 그래서 단군신화가 빠져 있는 것이란다.

반면에 승려 일연이 쓴 『삼국유사』는 신화, 설화, 민담 등 삼국 시대와 관련된 이야기를 폭넓게 기록했어. 단군신화는 물론이고 신기한 일과 귀신 이야기 등을 기록한 「기이」편은 가장 많은 분량을 차지하고 있지.

국가 차원에서 기록한 『삼국사기』와 개인이 기록한 『삼국유사』는 우리 고대사 연구에서 빠질 수 없는 귀중한 자료이자 상호 보완적인 역사서로 평가된단다. 오늘날 우리는 이 책들 덕분에 삼국의 역사를 알 수 있게 되었어.

11

쓱 그리기

무용총 천장에 그려진 벽화야.
서로 겨루고 있는 무인들을 점선을 따라 그려 봐.

〈무용총 각저도〉

이건 그냥 스포츠가 아니야.
고려 시대엔 무인들의 승진
수단이기도 했지.

칼로 쟁취한 무신의 시대

두 사내가 다리를 구부려 겨루기를 하고 있어. 상대를 견제하는 손동작에서 팽팽한 긴장감을 느낄 수 있어. 이건 고구려의 무용총 천장에 그려진 벽화인데, 맨손 무예인 '수박'으로 '희(戲)', 즉 놀이를 하고 있는 모습이야. 이걸 '수박희'라고 해. 고구려의 기상을 이은 고려 사람들의 생활에는 무예가 깊숙이 자리 잡고 있었어. 고려에서 수박희는 단순히 훈련을 넘어 출셋길을 열어 주기도 했지. 수박희를 잘하면 무신들은 승진할 수도 있었거든. 그냥 무과 시험을 보면 안 되냐고? 글쎄. 고려의 무신들에 대해서 좀 더 알아보자!

>>> 무과 없이 되는 무신

고려는 무신을 뽑는 시험인 무과가 시행되지 않았어. 무과가 필요

없었다는 말이 더 정확할지도 몰라. 태조 왕건은 호족들의 군사적 도움을 받아 고려를 건국했어. 호족들은 각자 장군이나 성주를 자처하며 수백에서 수천 명의 사병들을 거느렸어. 이미 권력을 가진 호족들에게 무과 시험을 보라고 하면 아마 피식하고 웃었을 거야.

만약 무관이 되고 싶다면 전쟁에 나가거나 반란을 진압하는 공을 세우면 됐어. 평화로운 시기에는 수박희에서 겨루기를 잘하면 승진할 수 있었지. 이리 쉽게 무관이 될 수 있었으니 문과 시험에 합격한 문신들이 무신들을 얕잡아 볼 수밖에 없었지. 너희들, 귀주대첩의 명장 강감찬, 여진을 정벌한 윤관 알고 있지? 이 분들은 문신일까, 무신일까? 둘 다 문신이야. 깜짝 놀랐다고? 하지만 사실이야.

고려에서 무신은 정3품 상장군까지만 올라갈 수 있었어. 그래서 관직이 높은 문신들이 군대의 사령관을 도맡았지. '중방'이라는 장군들의 회의 기구가 있었지만 이 당시에는 중방이 큰 힘을 발휘하지 못했단다. 고려는 주변국들의 수많은 침략을 받았지만 무신들의 위상이 문신에 비해 상대적으로 낮았어. 심지어 거란의 침입으로 국고가 바닥나자 무신들에게 일하는 대가로 주는 토지인 '군인전'을 빼앗아 문신들에게 주었다고 해.

>>>> 무신을 천대하다

고려 제18대 왕인 의종은 사치와 향락에 빠져 살았어. 오랜 전쟁도 끝났지, 아버지 인종 때 일어난 이자겸의 난, 묘청의 난도 끝난 평화로운 시기였어. 무신의 몸값은 더 떨어졌어. 문신들은 왕과 더불어 먹고 마셨지만 무신들은 천대받기 일쑤였지. 무신들의 불만은 점점 쌓여 폭발 직전에 이르렀어.

1170년 가을, 의종은 보현원으로 가던 도중에 무신들의 불만을 달래려 수박희를 열어. 의종은 궁궐 바깥인 보현원에 연못을 만들고 그곳으로 자주 나들이를 갔다고 전해져. 이때 수박희에서 무신인 정3품 대장군 이소응이 젊은 장수와 겨루다 지고 말았어. 그러자 시합을 구경하던 젊은 문신 한뢰가 한심하다며 이소응의 뺨을 후려친 거야. 이 모습을 보고 의종과 문신들은 손뼉을 치며 크게 웃었지. 무신 정중부가 참다못해 한뢰를 꾸짖었어. 이소응이 비록 무신이지만 한뢰보다 벼슬이 높은데 어찌 그리 심한 모욕을 주느냐고 말이지.

사실 정중부도 젊은 시절 비슷한 경험을 했어. 귀신 쫓는 의식인 '나례'가 있던 날이었어. 나이 어린 문신 김돈중이 정중부 얼굴에 촛불을 들이대고 수염을 태운 거야. 화를 참지 못한 정중부가 김돈중을 한대 때렸대. 그런데 김돈중은 당시 최고 권력자인 김부식의 아들이었거든. 김부식은 정중부의 행동을 자신에 대한 도전으로 보고 정중부를 벌하려고 했지. 다행히 정중부는 의종의 도움을 받아 간신히 위기에서 벗어날 수 있었어. 이 일로 정중부는 김돈중에 원한을 갖게 되었단다.

>>> 문신의 씨를 말려라!

의종을 실은 가마가 목적지인 보현원으로 다시 출발했어. 그런데 의종이 보현원에 들어서자 무신들이 칼을 뽑아 들었어. 그동안 쌓인 설움과 온갖 멸시, 천대를 더는 참지 못하고 무신의 우두머리 정중부가 반란을 일으킨 것이지. 이걸 '무신 정변'이라고 해. 왕의 호위병들은 순식간에 반란군으로 돌변했어. 무신들은 보이는 대로 문신들과 환관들을 죽였어. 등골이 가장 오싹했던 사람은 누구일까? 이소응의 뺨을 친 한뢰와 정중부의 수염을 태운 김돈중이겠지. 한뢰는 의종의 옷을 붙잡고 살려 달라고 빌었지만 소용없었어. 김돈중은 재빨리 도망쳤지만 결국 붙잡혀 죽고 말았지. 개경에 남아 있던 문신들도 떼죽음을 당했어.

정중부는 의종을 폐위하고 유배 보냈어. 그러고는 의종의 아우를 왕위에 앉혔지. 그게 바로 명종이야. 하지만 명종은 허울뿐인 허수아비나 다름없었어. 이제 무신들이 권력을 쥐게 되었지. 우리는 이 시기를 '무신 집권기'라 불러. 문벌 귀족의 시대가 끝나고 고려 후기로 접어든 것이지.

너희들, '하극상'이라는 말 아니? 아랫사람이 윗사람을 부정한 방법으로 꺾고 오르는 것을 하극상이라고 해. 정중부가 일으킨 무신 정변은 대표적인 하극상의 예로 볼 수 있어. '칼로 일어난 자, 칼로 망한다'는 말이 있어. 쿠데타로 정권을 잡았으니 무슨 정통성이 있었겠어? 이들은 자기들끼리 죽고 죽이는 하극상을 계속 벌인단다. 무신 집권기 초기 30년간 정중부→경대승→이의민→최충헌 순으로 최고 권력자가 계속 바뀌었지. 하극상은 점차 사회 전반으로 퍼져 나간단다. 노비들도 반란을 모의할 정도였어.

"무신의 난 이후로 천민과 노비에서 높은 벼슬아치들이 많이 나왔다. 왕후장상의 씨가 어찌 따로 있겠는가?" 개경의 노비였던 만적이 땔감을 하러 온 노비들을 모아 놓고 열띤 목소리로 외쳤어. 왕후장상이란 왕과 제후, 장수와 재상을 뜻하는 말이야. 타고난 신분을 운명으로 받아들이던 시대에 만적의 외침은 신분 해방을 꿈꾸는 몽상가의 객기였을까, 아니면 기회를 노린 야망가의 선동이었을까? 하지만 만적의 난은 어느 노비가 남몰래 이 일을 이르면서 칼 한번 휘둘러 보지 못하고 끝나고 말았단다.

반면 천민 출신 이의민은 무신의 난을 통해 최고 권력자의 자리까지 올라갔어. 병사로 출발해 수박희에서 이겨 승진했지. 그러던 중 의종을 복위하려는 반란이 일어났어. 이의민은 경주에 갇혀 지내던 의종을 허리를 꺾어 죽였고 그 대가로 대장군이 되었어. 한마디로 벼락출세를 한 거야. 이의민은 거기서 멈추지 않고, 당시 최고 권력자인 경대승이 병으로 죽자 '이씨가 왕이 된다'는 소문을 퍼뜨려 본인이 왕이 되겠다는 계획까지 세웠다고 해.

하지만 이의민은 지도자를 할 만한 사람이 아니었어. 아무에게나 관직을 파는가 하면 백성의 땅을 함부로 빼앗는 사람이었거든. 이의민의 두 아들 이지영, 이지광은 백성들에게 얼마나 행패를 부렸는지 '쌍칼'로 불렸다고 해. 민심을 잃은 이의민은 최충헌, 최충수 형제에게 살해되었어.

『고려사』에 따르면 이의민이 살해된 이유 중 하나는 집비둘기 때문이었어. 이의민의 둘째 아들인 이지영이 최충수의 집에 놀러 갔다가 최충수가 아끼는 집비둘기 한 마리를 훔쳤대. 뒤늦게 이 사실을 알게 된 최충수는 이지영을 찾아가 훔친 비둘기를 달라고 했지. 당시 막강한 권력을 누리던 이지영은 불쾌해하면서 최충수를 포박하라고 했대. 하지만 호락호락 당할 최충수가 아니었지. 최충수는 자신을 포박하려는 종에게 불호령을 내리며 "나를 붙잡으려거든 직접 와서 하라 전해라"라고 소리쳤어. 이지영은 용기가 가상하다며 최충수를 놓아주라고 했대. 그 길로 최충수는 형 최충헌과 모의해 이의민 부자를 제거하기 위한 계획을 짰어. 형제는 수하들과 함께 별장에 놀러 간 이의민을 제거하는 데 성공했단다.

거사에 성공한 최충헌은 '봉사십조'라는 개혁안을 제시했어. 그러나 자신이 일으킨 쿠데타에 명분을 세우기 위한 것에 불과했지. 이후 최씨 무신 집권기는 4대에 걸쳐 60여 년 동안 지속되었단다.

＋ 더 알아보기

무신 집권기 권력 기구들

무신 집권기 초기에는 '중방'이 핵심 권력 기구로 떠올랐어. 중방은 최고 무신들로 구성된 회의 기구였지. 문벌 귀족 시대에는 별다른 힘을 못 쓰다가 무신의 난 이후 격이 급상승한 거야.

하지만 정중부를 죽이고 권력을 잡은 경대승은 중방의 힘을 약하게 만들었어. 경대승은 행정에서는 문신이 활약해야 한다는 소신을 가진 인물이었거든. 게다가 자신이 장군 출신도 아니었기 때문에 중방을 약화시킨 것이지. 대신 자기 신변을 보호하기 위해 '도방'이라는 사병 집단을 만들었단다.

무신 집권기의 또 다른 집권자였던 최충헌은 최고 정치 기구인 '교정도감'을 두어 반대 세력을 감시하고, 나랏일을 결정했어. 교정도감의 우두머리인 교정별감을 최고 무신 집권자가 맡는 모양새였지. 최충헌의 뒤를 이은 최우는 자신의 집에 사설 정치 기관인 '정방'을 설치해 인사권을 휘둘렀어. 이렇듯 무신 집권기의 권력 기구는 집권자에 따라 변화해 왔단다.

12

쓱 그리기

해인사의 모습이 그려진 부채야.
힌트를 보고 〈팔만대장경〉이 있는
장경판전을 찾아서 동그라미 해 봐.

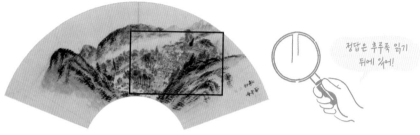

정답은 후루룩 읽기
뒤에 있어!

정선의 〈해인사 부채〉

힌트 1 앞면 15칸, 옆면 2칸 크기의 두 건물이 나란히 배치되어 있다.

힌트 2 2층 건물로 지어진 대적광전 뒤쪽에 있다.

저는 빨래판이 아닙니다, 팔만대장경입니다

〈팔만대장경〉은 빨래판을 닮았어. 하지만 빨래판과는 비교할 수 없는 가치를 지니고 있지. 불교의 교리를 한 글자 한 글자 목판에 새겨 전쟁을 막고자 하는 간절한 마음을 담았거든. 너희가 장경판전을 찾아본 해인사 부채 그림은 조선 시대에 겸재 정선이 그렸어. 맨 뒤에 있는 가로로 긴 건물이 〈팔만대장경〉을 보관한 건물인 장경판전이야. 〈팔만대장경〉은 유네스코가 지정한 세계문화유산이자 우리나라 국보야. 그런데 〈팔만대장경〉은 모두 몇 장일까? 8만 장? 아니야. 정확히 8만 1,258장이야. 그럼 〈팔만대장경〉은 단면일까, 양면일까? 잘 몰랐지, 〈팔만대장경〉은 양면이야. 그러니까 대략 16만 쪽이란 말이지. 이 정도 규모라면 분명 국가가 나서서 만들었겠지. 고려는 대체 무엇 때문에 국력을 기울여 대장경을 만들었을까? 그건 바로 몽골의 침입을 막기 위해서였단다.

무신 정권은 최충헌의 아들 최우 때에 와서 안정을 되찾았어. 하지만 북쪽에서 몽골이 무섭게 성장하고 있었지. 13세기 칭기즈 칸의 후예들은 아시아뿐만 아니라 러시아와 유럽까지 공포로 몰아넣으며 세계 지도를 다시 그리고 있었어. 고려라고 예외는 아니었지. 1231년, 고려는 몽골의 침입으로 위기를 맞아. 귀주성에서 3개월간 몽골군을 잘 막아 냈지만 결국 수도 개경이 포위당했어. 고려는 몽골의 공물과 인질 요구, 고려에 몽골 관리를 두는 등의 조건을 받아들여야만 했어. 굴욕적이지만 어쨌든 몽골은 물러났어.

최우는 강화도에 성을 쌓고 천도를 밀어붙였어. 해전에 약한 몽골의 약점을 제대로 파악한 것이지. 강화도 앞바다의 물살은 거셌어. 배를 댈 만한 곳도 마땅치 않았단다. 또 강화도는 한강을 끼고 있어 여러 지방에서 올라오는 세금을 걷기에도 유리했지. 하지만 백성들 입장에서 강화 천도는 귀족과 왕이 자기들 몸이나 보존하려고 친 줄행랑이나 다름없었어. 백성들에게는 산과 섬으로 이주하라고만 했을 뿐 다른 방법을 제시하지 못했거든. 무신 정권은 강화도 안에서 분에 넘치는 화려한 생활을 누렸어. 내팽개쳐진 백성들은 전쟁과 나라가 거둬 가는 온갖 세금으로 고통받았어.

몽골은 강화 천도를 자신들에 대한 도전으로 여기고 다시 쳐들어왔어. 하지만 몽골군은 강화도를 공격하지 못했어. 대신 용인에 있는 처인성에서 김윤후가 이끄는 의병 부대와 맞붙었어. 이때 몽골군 사령관 살리타는 어디선가 날아든 화살에 맞아 말에서 고꾸라져 죽었지. 지휘관을 잃고 사기가 떨어진 몽골군은 물러갔어. 강화도로 도망친 최우 정권 대신 버림받은 백성들이 들불처럼 일어나 몽골군을 물리친 거야. 몽골군은 그냥 돌아가지 않고 대구 부인사에 보관 중이던 〈초조대장경〉과 〈속장경〉을 불태워 버렸단다. 이때 신라 최대의 탑인 경주 황룡사 9층 목탑도 잿더미가 되었어.

≫≫ 부처의 도움을 바라면서 만들어진 대장경

〈초조대장경〉과 〈속장경〉이 뭐냐고? 너희가 알고 있는 〈팔만대장경〉 전에 있던 대장경이야. 고려 현종은 부처의 힘을 빌려 거란의 침입을 막고 나라를 구하려고 했어. 이를 위해 흩어져 있던 부처님의 말씀을 모아 초조대장경을 만들었지. 말 그대로 '처음 만든' 대장경이라 〈초조대장경(初雕大藏經)〉이라고 불러. 그런데 신기하게도 대장경을 만들기 시작하자 거란이 순순히 물러난 거야. 그 뒤로 강감찬이 귀주에서 거란을 크게 물리치자 백성들은 〈초조대장경〉이 고려를 지켜 주었다고 믿었어. 대장경 제작을 통해 불공을 쌓아 부처가 도와준 것이라면서 말이지.

의천은 송나라 유학을 마치고 돌아올 때 들고 온 불교 경전을 가지고 〈속장경〉을 만들었어. 대장경의 내용은 더욱 풍성해졌어. 〈속장경 (續藏經)〉은 〈초조대장경〉에 이어 만들었다고 해서 붙여진 이름이야. 한편 의천이 제작을 주도했기 때문에 '의천의 속장경'이라고도 불러. 하지만 1232년 몽골의 침입으로 〈초조대장경〉과 함께 불에 타서 훼손 되었어. 지금은 인쇄본만 남아 있지.

>>>> 다시 대장경이 제작된다

최우는 몽골의 침입으로부터 고려를 구하기 위해 불에 탄 대장경 을 다시 만드는 국가적인 사업을 시작해. 고려는 대장경을 만드는 기 구인 '대장도감'을 설치하고 온갖 정성을 다해 대장경을 제작했어. 1236년에 제작하기 시작한 대장경은 16년 만에 완성되었어. 다시 만 들었다고 해서 〈재조대장경〉 또는 〈팔만대장경〉이라고 불러.

〈팔만대장경〉이 강화도에서만 제작된 것은 아니야. 대장경의 절반 이 넘는 분량이 남해에서 만들어졌어. 남해 앞바다에는 뗏목이 줄줄이 들어왔어. 지리산에서 벤 산벚나무와 돌배나무가 섬진강을 따라 운반 된 것이지. 두 나무는 결이 고르고 옹이가 적어 대장경을 새기기에 안 성맞춤이었어. 이 나무를 1년 정도 묵혀 단단하게 만든 후 잘라서 목 판으로 만들었어. 목판은 소금물에 삶아서 해충과 뒤틀림을 예방했어. 그 뒤에는 바람이 잘 통하는 그늘에서 2~3년간 말렸다고 해.

〈팔만대장경〉

　목판이 만들어지는 동안 한쪽에서는 대장경에 새길 내용을 종이
에 적었어. 글솜씨가 뛰어난 사람들을 모아 똑같은 필체로 쓰게 했지.
마치 한 사람이 쓴 것처럼 말이야. 이 종이를 목판에 뒤집어서 붙인 다
음, 글자가 없는 부분을 파내. 그러면 글자 부분은 볼록 튀어 나오겠
지. 이 부분에 먹을 칠해 종이에 찍어 인쇄를 한 거야. 그리고 글자를
새긴 목판이 휘는 것을 방지하기 위해 양끝에 나무를 대 줘. 손잡이 역
할도 하면서 보관할 때 다른 대장경판과 맞닿지 않게 해 주었지. 마지
막으로 옻칠을 해서 부식을 막고, 광택이 나게 했어. 이렇게 힘든 과정
을 거쳤기 때문에 700년이 훌쩍 지난 지금까지 보존되고 있는 거란다.
게다가 글자 한 자 새기고 절을 한 번 하는 과정을 매번 거듭했대. 사
람들은 부처님께 이렇게 정성을 다해 나라를 구해 달라고 빌며 대장

경을 만들었어.

그렇다면 이번에도 〈팔만대장경〉이 고려를 지켜 주었을까? 진시황의 만리장성이 중국을 지켜 주지 못한 것처럼 〈팔만대장경〉도 고려를 지켜 주지는 못했어. 1259년, 결국 고려가 몽골에 항복했거든. 백성들은 안중에도 없이 호화롭게 생활한 최씨 무신 정권에게 부처님조차 등을 돌린 것일까. 불교에서는 이런 걸 두고 '업보'라 한다지. 그 동안 저지른 잘못이 워낙 많았으니 뭐….

쓱 그리기
정답

〈팔만대장경〉은 어디에 있을까?

강화도에 보관 중이던 〈팔만대장경〉은 조선이 건국되고 나서 경상남도 합천에 있는 해인사로 옮겨 왔어. 〈팔만대장경〉은 고려 시대에 만들어졌지만 오늘날까지 온전한 상태로 보관할 수 있었던 것은 조선의 기술 덕도 있어. 〈팔만대장경〉을 보관하는 장경판전을 과학적으로 설계해 온도, 습도, 통풍을 잘 유지할 수 있었거든.

　장경판전의 처마 길이는 햇빛이 들어오는 각도에 맞춰 정해졌어. 햇빛이 목판 바로 앞까지만 들어올 정도의 길이로 처마를 만들어 직사광선으로 인한 피해를 막았지. 적절히 들어온 햇빛이 실내 온도를 유지시켜 실내 온도가 유지되어 목판이 눅눅해지거나 썩는 것을 막을 수 있었어. 바닥은 석회와 찰흙, 모래→숯→소금 순으로 차곡차곡 깔아 만들어 습도를 유지했어. 비가 오면 습기를 머금고, 건조하면 내뱉는 과학이 숨겨져 있지. 앞뒤로 난 창문은 위, 아래의 크기가 달랐어. 앞쪽 창문은 위의 창문이 작고, 뒤쪽 창문은 아래 창문이 작아. 이렇게 하면 공기의 순환이 잘 이루어져 쾌적한 환경을 만들어 주지. 의천은 〈속장경〉을 만들면서 과거 천년의 지혜를 미래의 천년에 전해 주는 일이라고 말했어. 800년 가까이 이 땅을 지켜 온 〈팔만대장경〉을 앞으로도 잘 보존해 나가야 하겠지.

조선 시대

13

쓱 그리기

아래 두 그림에서
서로 다른 부분을 찾아봐.

배에 잔뜩 실린 것은
무엇일까?

유운홍의 〈유운홍필풍속도〉

조운 제도

이 그림은 조세와 공물들을 배로 싣고 가는 모습을 담고 있어. 이런 배들을 '조운선'이라고 부른단다. 조운선의 '조운'은 국가가 지방에서 거둔 조세와 공물 등을 선박으로 운송하는 시스템을 뜻하는 말이야. 고려와 조선은 조세로 쌀과 지방의 특산물인 공물을 거두어들였어. 우리나라는 산이 많아 육상 교통보다 주로 물길을 이용했단다. 바닷길을 이용한 해운이 중심이고, 일부 하천을 이용한 수운을 병행했어. 『만기요람』에는 "조세를 선박으로 운반하여 서울에 상납하는 것을 '조(漕)'라고 한다"라는 기록이 있어. 여기서 조(漕)는 '배로 실어 나르다'라는 뜻이야. 화폐 경제가 발달하지 못했던 시절에는 조운을 통해 쌀이나 공물 같은 현물들을 수도로 실어 날랐단다.

>>> 세금이 모이는 곳, 조창

'조창(漕倉)'은 조세를 보관하는 창고야. 지방에서 거둔 조세는 전국의 강가나 해안가에 설치된 조창에 모아 두었지. 조선 시대에는 9개의 조창이 있었어. 평안도와 함길도는 '잉류 지역'이라고 해서 조세를 자체 경비로 사용하게 했어. 잉류(仍留)란 '그대로 머물게 한다'는 뜻인데, 두 구역은 국경 지대라서 군사비와 사신 접대비로 조세를 쓰게 한 것이지. 당연히 조창도 설치하지 않았어.

조창은 조세를 수집·보관하고 배를 운송할 수 있는 시설을 모두 갖추고 있었어. 전라도에 설치된 창고인 성당창의 경우 배를 댈 수 있는 포구를 비롯해 조세를 셈하고 수납하는 넓은 마당과 보관하는 창고 시설, 관리가 머무는 관청 등이 마련되어 있었어.

흥미로운 점은 조창 주변으로 방어 시설인 성벽을 쌓은 곳이 있다는 거야. 고려 말부터 왜구가 조창이나 조운선을 약탈한 사례가 허다했거든. 왜구의 잦은 노략질은 조운선의 크기를 줄이는 데도 영향을 끼쳤어. 선박이 크면 속도가 느려 위기 대처 능력이 떨어지거든. 그래서 배의 규모를 줄여 빨리 움직일 수 있게 만들었어. 그리고 조세로 걷은 곡식, 즉 '세곡'을 나누어 저장했다지. 이렇게 해서 한꺼번에 모든 세곡을 빼앗기는 불상사를 막을 수 있었어.

>>> 세금을 나르는 데도 돈이 든다고? 수경가!

수경가(輸京價)는 세금을 '수도(京)까지 나르는(輸) 값(價)'을 뜻해. 다시 말해 수도에 있는 창고까지 운반하는 데 드는 비용이지. 조세에는 수경가가 포함되어 있어. 일반적으로 쌀 1석당 4두 정도를 수경가로 걷었대.

수경가는 고려 성종 때 제도로 마련되었어. 조세를 운반하는 거리에 따라 최대 20%에서 최저 4.8%까지 10단계로 수경가를 나눈 것이지. 예를 들어 경남 사천에서 오는 세곡의 경우 5석당 1석, 즉 20%로 최고로 높은 수경가를 치렀다고 해. 수도까지 거리도 멀고, 변화무쌍한 상황의 바다를 통해 세곡을 옮기는 위험도 감수해야 했거든. 반면 한강 하류에서 운반하는 경우는 21석당 1석, 즉 4.8%의 가장 낮은 수경가가 책정되었어. 거리도 가까운 데다 바닷길로 가지 않아서 최저 비율로 정한 것이지. 이처럼 수경가는 거리와 항해의 어려움 등을 고려해 정해졌어.

수도의 창고, 즉 경창까지 운반된 세곡은 관리들이 물량을 확인한 후에 보관되었어. 하지만 이 과정에서 관리들의 부정도 발생했어. 규정보다 큰 용기를 사용해 정해진 액수 이상을 받아 남은 것은 자기가 챙겼거든. 조창에서 조세를 모으는 과정에서도 비슷한 일이 일어나곤 했어. 세곡을 옮기는 과정에서 쥐가 갉아먹거나 비가 내려 곡식 일부가 썩는 등 자연적으로 잃어버리는 양이 생기거든. 그래서 나라에서는 이렇게 잃어버리는 양을 고려해 세곡을 더 걷는데, 이때도 부정한 관리들이 용기를 조작해 더 많은 곡식을 거둬서 빼돌린 거야.

>>> 화폐 경제가 발달하지 못하다

그런데 왜 이 시기 조선은 쌀, 면포 등의 물건으로 세금을 걷어야 했을까? 그건 화폐 경제가 발달하지 못했기 때문이야. 돈이 교환 수단으로 자리 잡으려면 다양한 조건들이 갖춰져야 해. 먼저 상품을 언제든 원하는 만큼 생산할 수 있어야 돼. 또 상품을 만들면 잘 보관할 뿐만 아니라 필요한 곳에 바로 운반할 수 있어야 하지. 그래야 상품을 돈으로 사고팔 수 있거든. 이러한 환경이 아직 마련되지 못한 조선 전기에는 지역에서 생산자에게 쌀이나 특산물을 직접 걷는 방식을 취할 수밖에 없었어. 조운 제도는 그래서 생겨난 거란다. 조운 제도는 조창의 수와 위치가 조금 바뀌었을 뿐 조선이 멸망할 무렵까지 꾸준히 유지되었어.

이렇듯 화폐 경제가 발달하지 못한 조선 전기까지는 세금을 현물 위주로 거뒀는데, 조선 후기에는 상평통보라는 화폐가 널리 쓰였어. 그러면서 화폐가 현물을 대신하는 수취의 한 축으로 등장했단다.

수취 제도

조선 정부는 백성들로부터 무엇을 거둬들였을까? 그건 바로 '조세' '공물' '역'이야. 조세란 경작지를 소유한 지주나 자기 땅에 농사를 짓는 농민, 즉 자작농에게서 쌀, 콩을 거두는 거야. 1년에 한 차례 수확량의 1/10을 거두었지. 공물이란 각 지역의 특산물을 고을 단위로 거두는 것을 말해. 역이란 성인 남자의 노동력을 거두는 거야. 역은 크게 '군역'과 '요역'으로 나뉘어. 군역은 군대에 가는 것이고, 요역은 각종 토목 공사에 동원되는 것이란다. 공물을 수도로 나르는 데에도 요역이 자연스레 동원되었어. 그래서 공물과 요역의 첫 글자를 딴 '공요'라는 말도 생겨났어.

　조선 초에는 세금의 대부분이 조세였어. 하지만 점차 그 비중은 줄어들었어. 조세는 백성의 어버이인 임금이 거두는 것이기 때문에 백성을 위해 가급적 줄이는 추세였거든. 부족한 조세는 공물로 채웠어. 문제는 공물을 내는 사람들이 힘없는 농민들이었다는 점이야. 조세는 토지를 가진 사람에게 거뒀기에 그 대상이 명확했지만 공물은 고을 단위로 뭉뚱그려 걷어 갔기에 지배층인 양반은 수취 대상에서 슬쩍 빠져나갈 수 있었지. 조세를 줄이고 공물을 늘릴수록 양반층은 경제적으로 이득을 챙길 수 있었어.

쓱 그리기
정답

14

쓱 그리기

힌트를 보고 그림 속에서
'역관'이 어디에 있는지 찾아봐.

힌트 1 정사(사신의 우두머리)를 태운 가마 뒤에서 말을 타고 있다.

힌트 2 말을 타고 있는 사람 중 옷차림이 조금 다른 사람을 눈여겨보자.

〈조선통신사행렬도〉

통역의 신, 역관

'역관'은 외국어를 우리말로 통역하는 일을 한 관리야. 너희가 역관을 찾아본 그림은 조선 시대에 일본에 파견한 외교 사절인 '조선통신사'의 행렬을 그린 것이란다. 사절단에는 일본어에 능통한 역관이 동행했어. 역관은 외국 사신이 오거나 국내 사절단이 외국에 갈 때 의사소통을 담당했어. 단순히 통역만 한 것이 아니라 전문적인 외교관 역할까지 동시에 수행했지. 역관은 '왕의 입'이 되어 국가의 뜻을 전하는 아주 중요한 임무를 맡은 거야.

>>>> 역관의 첫 등장

국경을 넘나들며 외교 전문가로 활약한 역관들은 언제, 어떻게 생겨났을까? 역관이 공식적으로 우리 역사에 등장한 시기는 고려 때야.

1276년, 고려는 충렬왕 2년에 '통문관'을 설치했어. 통문관은 역관을 양성하는 곳이야. 원나라가 1271년에 세워졌는데, 그들의 언어를 습득하기 위한 발빠른 행보였지. 사실 그 전에 있었던 중국 송나라 때까지만 해도 우리나라 사람과 중국인 간에 한자로 적은 글을 주고받아도 뜻이 통했어. 별도의 중국어 교육이 없어도 필담을 통한 의사소통이 가능했지. 하지만 원나라가 집권하고 그들의 언어인 한어가 전 중국에서 사용되면서, 이 새로운 중국어를 익히기 위해 통문관이 설치된 거야.

충렬왕과 그 아버지인 원종은 원나라를 끌어들여 무신 정권을 무너뜨렸어. 따라서 통문관에서 가장 중요한 외국어는 한어일 수밖에 없었어. 원나라는 고려의 내정을 간섭했고, 원나라에게 충성하겠다는 의미의 '충(忠)' 자가 버젓이 고려의 왕호로 사용되던 때였단다. 당시에 한어를 잘하는 것은 신분 상승의 지름길이었어. 원나라에 대한 고려 왕실의 의존도가 높아질수록 역관의 권력도 더불어 커졌어. 반대로 원나라의 힘이 약해질 때는 역관의 역할도 축소되었단다.

≫≫≫ 조선의 역관 학교, 사역원

나라에서 역관을 키웠던 고려의 전통은 조선 왕조로 계승됐어. 1393년, 태조 2년에 조선은 역관을 양성하는 기관인 '사역원'을 설치해. 사역원은 갑오개혁으로 폐지될 때까지 500년 이상 유지됐어. 조선처럼 국가가 역관을 지속적으로 양성한 예는 세계 역사에서도 드물어.

사역원에서는 한어, 몽골어, 여진어, 일본어를 가르쳤는데, 각각 한학청, 몽학청, 청학청, 왜학청이 담당했지. 가장 인기 있는 외국어는 역시 한어여서 한학청의 규모가 가장 컸어. 그만큼 한학청에서 일하는 사람들도 제일 많았단다.

그러다 인조 14년(1636)에 이르러 한학의 관직 수가 절반 이하로 급격히 줄어들었어. 반면에 만주어를 가르치는 청학의 관직 수는 급증했지. 청학이 급부상한 것은 정묘·병자호란과 관계가 있어. 두 번의 호란을 겪으면서 명나라에 대한 사대의 예가 청나라로 옮겨졌기 때문이야. 조선 초에는 주목받지 못하던 여진어가 청나라와의 관계가 중요해지고 무역도 활발해지면서 떠오른 것이지.

>>>> **역관이 되려면?**

역관이 되려면 오랜 수련은 물론이고 수많은 시험을 치러야만 했어. 일단 대여섯 살이 되면 사역원에 들어가 기숙사 생활을 하며 '통역의 신'이 되기 위한 혹독한 훈련 과정을 거쳤다고 해. 조기 교육과 반복 학습을 통해 인재를 양성하려 했던 것이지. 사역원 내에는 우어청이라는 역관 양성 학교가 있었어. 우어청 안에서는 외국어로만 대화할 수 있었대. 오늘날 곳곳에 있는 영어 마을의 원조라고 할 수 있겠어.

　외국어 교재로는 『노걸대』 『박통사』 등이 있었어. 『노걸대』는 노걸대라는 책 이름 자체가 이름을 모르는 중국인을 부르는 호칭이야. 고려 상인이 중국에 물건을 팔고 오는 여정 속에서 일어나는 다양한 상황들을 엮은 실용 회화 책이지. 『박통사』는 '박씨 성의 통역관'을 뜻하는 말로, 중국 생활에서 경험할 만한 내용들을 다루었어.

　사역원에서 공부한다고 해서 누구나 역관이 될 수 있는 것은 아니었어. 과거에 합격해야 역관이 될 수 있었지. 조선은 개국 초부터 잡과에 역과를 포함시켰어. 초시와 복시를 두어 두 차례 시험을 치렀지. 한어의 경우 초시에서 23명을 뽑은 후, 복시에서 13명을 선발했어. 시험에 『노걸대』와 『박통사』 외우기, 한어로 『경국대전』 번역하기 등의 문제가 나왔어.

　주권, 영토, 국민이 한 국가의 뼈대라면 외교는 그 위에 걸친 옷에 비유할 수 있어. 어떤 옷을 입느냐에 따라 사람이 달라 보이듯 나라의 품격을 갖추는 데에 역관의 역할이 무척 컸을 거야. 무엇보다 통문관과 사역원을 설치해 역관 양성을 제도화한 고려와 조선의 교육 시스템은 오늘날에도 귀감이 된단다.

중인

조선 시대 신분 계층 중에는 양반과 상민 사이에 중인이 있었어. 중인은 문자 그대로 중간 계층의 사람들을 말해. 중인은 크게 하급 관리와 서얼로 나뉜단다. 하급 관리는 '잡과'라는 과거를 보고 뽑힌 전문직 관원을, 서얼은 첩의 자식을 뜻해.

하급 관리는 잡과에 응시해 초시와 복시까지만 통과하면 합격이었어. 잡과는 역과, 의과, 음양과, 율과로 네 종류가 있어. 오늘날로 치면 각 분야의 전문가로 대접받는 동시 통역사, 의사, 공인회계사가 조선 시대에는 중인 계층이었던 거지. 일반적으로 중인은 직업을 세습했어. 아버지가 역관이면 자식도 역관이 될 수 있었지. 대를 이어 한 분야만 다루었기 때문에 전문성이 높았어.

서얼은 '서자'와 '얼자'를 합친 말이야. 양반의 첩이 양인이면 그 자식을 서자, 첩이 천민이면 그 자식을 얼자라고 해. 서얼은 탐관오리의 자식이나 재가한 여인의 자식처럼 과거에서 문과 시험에 응시할 수 없었어. 서얼은 가정에서도 차별받아 재산 상속권이 없었단다.

쏙 그리기
정답

15

쓱 그리기

창경궁에는 기상 관측 기구들이 있어.
각 기구와 어울리는 한자를 선으로 이어 봐.

〈동궐도〉

① ② ③

風 雨 日

사대교린

너희들이 관측 기구를 찾아본 그림은 〈동궐도〉라고 해. 경복궁의 동쪽에 있는 창덕궁과 창경궁을 그린 그림이지. 〈동궐도〉를 자세히 살펴보면 과학적인 관측 기구들이 곳곳에 있어. 특히 세자의 공간인 중희당 마당에는 다양한 기상 관측 기구들이 집중되어 있단다. 대부분이 세종 대왕 시기에 심혈을 기울였던 과학 기술 정책의 결실이지. 세종 대왕은 한글 창제 말고도 눈부신 과학 기술의 발전을 이룩한 왕이야. 특히 천문 분야에서는 한양의 북극 고도를 기준으로 한 독자적인 역법을 탄생시켰단다. 그 역법은 『칠정산』이라는 책에 담겨 있지. 그런데 말이야. 중국 사신들이 올 때면 이 기구들을 보이지 않는 곳에 숨겨 뒀다고 해. 왜 그랬을까? 『칠정산』에서 그 이유를 찾아보자.

>>>> 『칠정산』이 산이냐고?

우스갯소리지만 『칠정산』은 산 이름이 아니야. 이게 우리만의 역법을 담은 책이라는 것은 앞에서 보았지? 달력을 만드는 원리를 '역법'이라고 하는데, 이전까지 조선은 중국의 역법을 사용했어. 동짓날이 다가오면 조선은 동지사라는 사절을 중국에 보내 달력을 받아 왔어. 동지는 밤이 가장 긴 날이야. 동짓날부터 해가 길어지므로 한 해의 시작이라고도 생각했지. 그래서 동지사가 중국 황제에게서 달력을 받아 온 것이지. 중국을 군주의 나라로 섬기는 나라들은 반드시 이 달력을 써야만 했어. 중국 황제가 달력을 하사하는 것은 일종의 통치 행위나 마찬가지였지.

조선에서는 천체의 운행이나 천재지변을 국왕의 통치 행위를 보고 하늘이 내리는 평가로 보았어. 가뭄이나 홍수가 나면 국왕이 나랏일을 잘못하고 있다는 하늘의 경고로 받아들였지. 그래서 하늘의 노여움을 풀기 위해 제사를 드리기도 했어. 일식과 월식도 불길한 징조로 여겨졌어. 따라서 임금은 일식과 월식을 정확하게 예측해야만 했지. 하지만 베이징을 기준으로 만들어진 중국의 달력이었기에 우리 상황에 정확하게 맞지는 않았어.

세종은 한양을 기준으로 한 새로운 역법을 연구하도록 했어. 이를 위해 천문 관측 기구를 만들게 했지. 실제 관측을 통해 기존 역법의 오차를 수정해 나간 거야. 국왕의 뒷받침을 받고 역법에 대한 이해 수준이 높아져 갔어. 그리고 결국 조선만의 독자적인 역법을 만들어 『칠정산』이 탄생하게 되었지.

그런데 책 이름이 역법을 뜻하는 '역(曆)'을 붙인 '칠정력'이 아니라 '칠정산(七政算)'인 이유는 무엇일까? 바로 중국을 의식했기 때문이야. 셈을 뜻하는 산(算)을 붙이니 수학 책처럼 보이잖아. 중국의 달력을 쓰지 않는 것은 중국의 질서에서 벗어나겠다는 것과 같았어. 조선은 『칠정산』이 불똥이 되어 외교 문제로 불거지지 않길 바랐던 거야. 같은 이유로 너희가 〈동궐도〉에서 그려 본 관측 기구들을 치워야만 할 때도 있었어. 중국 사신들이 와서 그것들을 보면 뭐라고 하겠어. "제후국 따위가 감히 하늘의 운행을 연구해!"라고 으름장을 놓을 것이 뻔하잖아. 왜 조선은 이렇게나 중국의 눈치를 봤을까?

>>> **사대와 조공**

조선은 중국을 섬기는 '사대 외교'를 했어. '사대'는 '섬길 사(事)' '큰 대(大)'가 합쳐진 말로, 큰 나라를 섬긴다는 의미야. 조선을 건국한 이성계는 "작은 나라가 큰 나라에 반역하는 것은 불가하다"는 말로 위화도 회군의 명분을 찾았잖아. 그 말인즉슨 명나라를 섬기겠다는 외교 메시지였지. 이성계는 왕이 되어서도 명나라에 사대하는 의례를 빼먹지 않았다고 해. 『태조실록』을 보면 "임금이 백관을 거느리고 성절의

하례를 의식대로 행했다"고 나와 있어. 국왕이 신하들과 함께 명나라 황제의 생신을 축하했다는 말이지. 조선은 명나라에 조공도 충직하게 바쳤어. 조공이란 공물을 정기적으로 중국 황제에게 바치는 것을 말해. 조공을 받은 황제는 조선이 필요한 물품을 하사했지. 그러면서 경제나 문화 교류가 자연스레 이루어진 거야. 중국 황제는 조선의 국왕이 교체될 때마다 '책봉'을 해 주었어. 책봉은 임명장을 줘서 제후국의 지배자로 인정하는 것을 말해. 조선과 명나라가 '조공-책봉'이란 틀 가운데 군신의 상하 관계를 맺은 것이지.

당시에는 이런 나라와 나라 사이의 군주와 신하 관계를 불평등하다고 보기보다는 자연스럽게 받아들였어. 조선은 중국 황제 중심의 질서를 받아들이면서 중국의 문명을 흡수하려고 노력했어. 명나라와의 외교적 마찰을 피하면서 국가를 보존하려는 생존 노력이기도 했지.

≫≫≫ 당근과 채찍을 동시에! '교린'하다

'유배'란 죄인을 먼 곳으로 추방하는 형벌이야. 신하들이 가장 두려워했던 유배지는 어디일까? 바로 섬이야. 바다로 둘러싸여 있기 때문에 물리적인 거리보다는 심리적인 거리가 더 멀게 느껴졌지. 게다가 왜구가 언제 출몰할지 모른다는 두려움이 늘 존재하는 곳이었어.

고려 말부터 조선 초까지 왜구의 침략은 극에 달했어. 조선은 왜구를 달래는 회유책과 군사적으로 다스리려는 강경책을 둘 다 시도했어. 태조 이성계는 승려 각추를 일본 막부에 보내 왜구가 노략질을 못 하게 해 달라고 요청하는 외교적인 노력을 기울였어. 그러면서 왜구가 노략질을 포기하도록 부산포와 내이포를 개항해 평화적인 무역의 길을 열어 주었지. 하지만 제한된 무역에 불만을 품은 왜구의 침략이 계속되자 조선은 응징에 나섰어. 세종은 이종무로 하여금 왜구의 근거지인 대마도를 정벌하라고 명을 내렸단다. 이렇게 당근과 채찍을 병행하는 외교 형태를 '교린'이라고 해.

남쪽의 왜구도 문제였지만 북쪽의 여진도 만만치 않은 상대였어. '여진이 1만이 되면 천하가 당할 수 없다'는 말이 있을 정도였지. 여진족이 세운 금나라는 요나라를 멸망시켰고, 송나라의 수도를 점령하기도 했거든. 조선은 일본과 마찬가지로 여진에게도 교린의 자세를 취했어. 무역소를 설치해 곡물이나 농기구에 대한 교역을 허용해 준 거야. 동시에 최윤덕과 김종서로 하여금 여진을 정벌해 4군과 6진을 설치하도록 했지. 대륙과 해양 사이에 낀 조선의 역사는 이렇듯 험난한 외교와 맥을 같이한단다.

삼포왜란

세종은 대마도 정벌 이후 왜구가 복종할 것을 다짐하자 관계를 정상화했어. 그러고는 부산포, 내이포 외에 울산의 염포까지 3개의 포, 즉 '삼포'를 열어 무역을 허용했어. 삼포에는 왜관이 설치돼 교역을 하는 장소로 활용되었어. 왜관에 거주하는 일본인의 숫자는 점점 늘어나 수천 명에 이르렀다고 해. 그러자 갖가지 문제들이 터지기 시작했어. 일본인들은 정해진 거주 구역을 벗어나거나 불법 어업을 했어. 뿐만 아니라 밀무역을 하고, 심지어 인신매매까지 했지. 결국 조선 정부는 통제를 강화했어. 무역을 제한하고, 일본인들의 호구를 조사해 불법적으로 거주하는 자들을 추방했지. 감시 체계도 강화했어.

1510년, 이에 불만을 품은 일본인들이 폭동을 일으켰어. 이 사건을 '삼포왜란'이라고 불러. 조선은 대마도와 관계를 끊고 폭동을 진압했어. 삼포왜란 이후 대마도는 조선과의 교역을 위해 필사의 노력을 기울였어. 산지가 많은 일본은 농지가 적어 조선으로부터 부족한 식량과 생필품을 공급 받아야만 했거든. 삼포왜란을 계기로 조선 정부는 국방 대책을 논의하기 위한 임시 회의 기구로 '비변사'를 만들기도 했단다.

쓱 그리기
정답

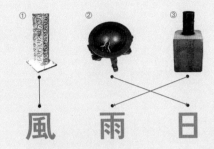

① 풍기대 → 風(바람 풍)
: 바람의 세기와 방향을 관측하기 위해
 깃발을 꽂아 둔 받침돌

② 앙부일구 → 日(날 일)
: 해 그림자의 변화를 이용한 우리나라 최초의 공중시계

③ 측우기 → 雨(비 우)
: 강우량을 측정하는 기구

16

쓱 그리기

조선의 학자 신숙주의 초상화야.
신숙주가 입고 있는 옷의
'흉배' 그림을 따라 그려 봐.

공작새와 모란꽃이 수놓여 있어.
지위가 아주 높은
신하를 상징한대.

신숙주 초상

조카의 왕위를
빼앗다

신숙주의 초상은 '흉배'가 처음으로 그려진 초상화야. 흉배가 뭐냐고? 흉배는 관리의 옷, 즉 관복의 가슴과 등에 붙인 장식이야. 흉배는 관품에 따라 문양이 다르단다. 그래서 흉배를 보면 초상화 속 주인공의 벼슬을 짐작할 수 있어. 너희가 그려 본 흉배에는 공작 한 쌍과 모란꽃이 있었지? 이걸 보면 신숙주가 정1품의 문신임을 알 수 있어. 이 정도 위치까지 올라서려면 분명 큰 공을 세웠을 거야. 신숙주는 조선 전기를 대표하는 지성인이야. 세종이 집현전에서 밤 늦게까지 책을 읽다 잠든 신숙주에게 두루마기를 덮어 줬다는 이야기를 한 번쯤 들어 봤을 거야. 신숙주는 한글 창제에 참여했고, 외교에서도 두각을 나타낸 학자란다.

하지만 신숙주에게는 '두 임금을 섬긴 변절자'라는 꼬리표도 붙어 있단다. 신숙주가 조카인 단종을 죽이고 왕이 된 수양대군을 따랐기 때문이지. 신숙주가 절개를 버린 것에 빗대어 쉽게 상하는 녹두 나물을 '숙주 나물'이라 부르게 되었다고 해. 무슨 일이 있었던 걸까?

>>> 어린 왕이 즉위하다

세종의 뒤를 이은 문종은 병약해 즉위한 지 3년도 안 되어 세상을 떠났어. 어쩔 수 없이 나이 어린 단종이 왕위에 오르게 되지. 이것은 조선에 닥쳐올 정치적 위기를 예고한 것이나 다름없었어. 야심에 가득 찬 숙부들이 단종을 가만히 두지 않을 테니까 말이야.

단종에게는 '수렴청정'으로 나랏일을 도와줄 왕대비나 대왕대비가 없었어. 수렴청정이란 국왕이 어린 나이로 즉위하였을 때, '왕대비' 즉, 전 임금의 살아 있는 왕비나 혹은 전전임금의 왕비이자 현 임금의 할머니인 '대왕대비'가 왕을 도와 정사를 돌보는 일을 말해. 단종은 즉위하자마자 자신이 어리고 정무에 어두우니 모든 사안을 나랏일 돌보는 기관인 의정부와 6조가 논의해서 하라고 지시했어. 모든 결정은 대신들이 했고 왕인 단종은 허수아비나 마찬가지였단다.

>>> 수양대군, 왕위를 노리다

세종은 무려 열여덟 명의 아들을 두었고, 그중 여덟 명이 대군이었어. '대군'은 왕과 왕후 사이에서 태어난 아들에게 붙이는 칭호야. 맏아들 문종은 왕위를 계승했고, 둘째가 수양대군, 셋째가 안평대군이었어. 단종이 즉위하자 수양대군은 왕실에서 제일 높은 어른이 되었어. 사실상 왕위 계승 서열 1위가 된 것이지.

수양대군은 무예를 좋아하는 호방한 성격의 소유자였어. 원래 이름은 진양대군이었으나 아버지 세종이 수양(首陽)으로 이름을 바꾸었지. '수양'은 백이·숙제 형제가 은둔했던 수양산(首陽山)에서 따온 이름이야. 중국 은나라 사람 백이·숙제 형제는 나라가 멸망하자 수양산에 올라가 단식투쟁을 하다 굶어 죽었다고 해. 세종은 진양대군이 백이·숙제의 충성과 절개를 좇길 바라며 이름을 바꾼 것이지. 하지만 수양에 대한 세종의 바람은 이루어지지 않았어. 야망이 컸던 수양대군은 왕위를 호시탐탐 노리고 있었거든.

한편 안평대군은 수양의 한 살 터울 친동생이었어. 안평대군은 시와 글, 그림이 모두 빼어나 주변에 따르는 사람들이 많았어. 명나라 사신조차 안평대군의 글과 그림을 얻으려 노력했을 정도였지. 안평대군의 사랑방에는 영의정 황보인과 좌의정 김종서가 드나들었어. 안평대군은 이들과 교류하며 친분을 쌓은 숨겨진 실력자였어. 수양대군은 안평대군을 최대 라이벌로 생각하고 있었을 거야.

>>> 계유정난이 일어나다

1453년, 수양대군이 황보인, 김종서 등 대신들을 몰아내고 무력으로 정권을 잡았어. 이 사건을 '계유정난'이라고 해. 수양대군은 영의정이 되었지. 사실상 수양대군이 조선의 실질적인 최고 지배자가 된 셈이었어.

계유정난은 황보인과 김종서가 단종을 폐위시키고, 안평대군을 새로운 왕으로 삼으려 한다는 고발에서 시작되었어. 하지만 그것은 계유정난을 일으키기 위한 명분으로 조작된 이야기였을 가능성이 높아. 수양대군은 곧장 김종서의 집으로 가서 그를 불러냈지. 김종서는 그 자리에서 철퇴를 맞고 죽었어. 수양대군은 병권을 쥐고 있는 김종서를 먼저 제거하는 것이 계유정난 성공의 열쇠라고 생각한 거야. 수양대군은 경복궁으로 들어가서 이제 잔당들을

〈단종애사〉 영화 광고지
칼을 든 수양대군 아래에 어린 단종이 있다.

벌하겠다고 했지. 그러고는 신하들을 궁에 불러들인 다음, 자신에게 맞서는 대신들을 죽였어. 라이벌인 안평대군에게는 유배형을 내렸지.

계유정난은 하룻밤 사이에 일어난 일이야. 별다른 반발도 없었고 저항도 거세지 않았어. 왜냐하면 수많은 사람들이 죽었지만, 단종의

왕위나 안위에는 아무런 문제가 없었거든. 관료들은 안평대군과 김종서의 자리가 단지 수양대군과 그 일파로 대체된 것으로만 파악했어. 작은아버지는 조카의 왕위를 바로 빼앗지 않았어. 하지만 그것은 잠시 미뤄진 미래일 뿐이었단다.

>>> 단종의 복위를 꿈꾸다

계유정난 이후 단종에게 왕위는 가시방석 같았어. 수양대군은 단종이 의지했던 왕실 친척들은 물론이고 궁인들마저 죄인으로 몰아 유배를 보냈어. 단종이 스스로 물러나게끔 정치적인 압박을 가했던 것이지. 결국 수양대군은 단종의 왕위를 빼앗고 조선의 제7대 국왕 세조로 즉위하게 된단다. 단종은 상왕으로 물러나 수양대군의 친동생인 금성대군의 집에서 감옥과도 같은 생활을 했어.

한편 왕이 된 수양대군은 새로운 저항에 맞닥뜨려야 했어. 집현전 출신의 관료들이 불사이군(不事二君), 즉 두 임금을 섬기지 않겠다며 단종의 복위를 비밀리에 추진했거든. 성삼문과 박팽년은 단종 복위 운동의 중심에 선 인물들이야. 이들은 명나라 사신을 위해 베푸는 연회에서 세조를 제거하기로 계획했어. 하지만 일이 틀어져 거사가 실패하고, 주동자들은 붙잡혔어. 단종 복위를 꾀하다 붙잡힌 자들을 '사육신'이라고 해. 죽음으로 충의를 지킨 신하들이지. 성삼문은 팔이 잘려 나가는 고통 속에서도 세조를 '나으리'라고 불렀다고 해. 세조를 왕으로 인정하지 않은 것이지. 정통성도, 명분도 부족한 세조는 성삼문의 말이 섬뜩했을 거야.

사육신 사건 이후 세조는 단종을 없애기로 마음먹었어. 자신의 왕권을 위협하는 제2, 제3의 사육신 사건을 미리 방지하려고 말이지. 단종은 강원도 영월에 유배되었어. 그리고 머지않아 사약을 받아 짧은 생을 마감했단다.

영월 청령포 관음송
단종은 강 건너에 위치한 청령포에서 유배 생활을 한다. 관음송은 청령포 안에 있으며 단종이 둘로 갈라진 나무 줄기에 앉아 시간을 보냈다는 전설이 있다. 관음송은 단종의 처량한 신세를 지켜보았다고 해서 '볼 관(觀)' 자를, 단종의 슬픈 목소리를 들었다고 해서 '소리 음(音)' 자를 이름으로 붙인 것이다.

신숙주는 악이고, 사육신은 선일까?

신숙주와 사육신을 소재로 한 수많은 드라마 속에서 신숙주는 항상 대표적인 변절자로 등장해. 과연 신숙주는 악이고, 사육신은 선일까? 사육신은 분명 역사에서 존경받는 충신으로 길이 남았어. 하지만 신숙주처럼 세조 편에 선 벼슬아치 중에는 여진을 몰아내고, 조선의 통치 규범인 『경국대전』 편찬을 주도한 사람들도 있어. 어떤 인물을 평가할 때 잘잘못을 모두 따져 봐야 한다고 생각해. 공로는 공로라고, 잘못은 잘못이라고 말할 수 있는 균형 잡힌 시각을 갖출 때 역사는 더욱 발전하지 않을까.

17

쓱 그리기

병자호란 때 인조가
청나라에 항복하러 간 길과
남한산성의 외곽선을 그려 봐.

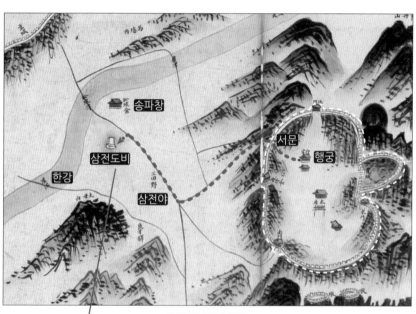

〈동국여도〉 중 남한산성도

〈삼전도비〉 윗부분

그런데 왜 인조는 정문을 두고
서문으로 나갔을까?

삼전도의 굴욕

잠실 석촌 호수 부근에는 〈삼전도비〉라는 비석이 있어. 1636년 병자호란에서 승리한 청나라 태종에게 조선 제16대 왕 인조가 항복한 사실이 기록된 비석이란다. 너희가 따라 그려 본 점선은 인조가 청나라 태종에게 항복 의식을 하려고 떠난 길을 나타낸 거야.

　항복하러 가는 인조는 여러 가지 수모를 겪어야만 했어. 명색이 한 나라의 왕인데 남한산성을 정문으로 나가지도 못해 서문으로 나갔고, 청 태종 앞에서 머리를 세 번 조아려 절을 했지. 조선 역사상 가장 치욕적이라는 '삼전도의 굴욕'이야. 조선이 어쩌다 이런 수모를 겪어야만 했을까? 그걸 알려면 광해군 시절의 외교 정책부터 알아봐야 해.

광해군은 외교적 감각이 뛰어났어. 북쪽의 만주족이 급격하게 성장하고 있다는 사실을 주목하고 있었지. 만주족은 임진왜란을 틈타 세력을 불려 가더니 1616년 후금을 세우고 천명이라는 연호까지 사용했어. 연호를 쓴다는 것은 중국 명나라와 대등하다는 의미야. 후금은 아예 명나라를 점령할 계획이었어. 광해군은 북쪽 변경의 방비를 강화하고 만약의 사태에 대비하고 있었지.

아니나 다를까, 후금은 명나라를 공격했어. 명나라는 조선에 구원병을 요청했지. 당시 조정은 서인과 동인 세력으로 나누어져 있었어. 이들이 누구냐고? 1575년, 조정의 중요한 자리인 이조전랑 자리를 두고 김효원과 심의겸 사이에 다툼이 일어나. 김효원을 지지하는 사람들은 동인, 심의겸의 편에 선 이들은 서인이라 했어. 서울을 중심으로 김효원과 심의겸의 집이 각각 동과 서에 위치해서 붙여진 이름이야. 서인들은 임진왜란 때 조선을 도운 명나라의 은혜를 갚아야 한다고 강력하게 주장했어. 하지만 광해군은 명나라의 국운이 이미 기울었다고 판단했어. 괜히 명나라와의 의리를 내세웠다가 후금에 미운 털이 박히면 또다시 전쟁이 벌어질지도 모를 일이었거든.

고민 끝에 광해군은 한 가지 꾀를 내었어. 구원병을 보내되 싸우지 않는 전략이었지. 임금의 뜻을 알아챈 강홍립 장군은 명나라 편에서 싸우는 척하다가 후금에 항복해 버렸어. 그러면서 명나라의 요구 때문에 어쩔 수 없이 군대를 이끌고 온 속내를 이야기했지. 줄타기같이 아슬아슬한 광해군의 작전은 멋지게 성공했어. 구원병을 보내 명나라의 요구도 들어준 셈이고, 후금의 심기도 거스르지 않았으니까 말이야. 명나라와 후금 사이에서 어느 한쪽의 손을 들어 주지 않고 조선의 이익을 얻으려는 외교 정책, 이것을 중립 외교라고 해.

하지만 중립 외교는 광해군의 발목을 잡았어. 인조와 서인 정권이 '반정'을 일으키는 데 명분이 되었거든. '반정'이란 잘못된 정치를 바로잡는다는 뜻으로, 그들이 생각하기에 중립 외교는 잘못된 것이었지. 반정 세력에 의해 쫓겨난 광해군은 유배지를 옮겨 다니는 처량한 신세가 되었단다.

『광해군일기』
광해군 재위 15년간의 실록으로, 광해군이 폐위되었기 때문에
격을 낮추어 일기로 명명하였다.

>>>> 병자호란

반정에 성공한 인조와 서인 정권은 '친명배금'을 내세웠어. 명나라와 가까이 지내고 금은 배척한다는 뜻이지. 광해군과는 정반대로 두 나라를 대한 거야. 후금은 그런 조선을 그냥 두고만 볼 수 없었어. 중국을 공격하는데 뒤통수가 시리면 안 되잖아. 후금은 후방을 안정적으로 다지기 위해 조선을 침략해. 이 사건을 '정묘호란'이라고 불러.

3만의 후금 군대가 황해도까지 내려오는 데 한 달도 채 안 걸렸어. 인조는 허둥지둥 강화도로 도망쳤어. 다행히 후금군은 더 이상 내려오지 않고 돌아갔어. 철수 조건은 명나라와 사대 관계를 끊고 후금과는 형제 관계를 맺는 것이었지. 무슨 배짱으로 친명배금을 내세웠는지 도무지 이해할 수 없을 정도로 인조 정권은 무능했어. 얼마 지나지 않아 후금은 조선에 군신 관계를 요구했어. 조선 입장에서는 형님 나라도 싫은데, 그것도 모자라 후금을 임금 나라로 섬기라니 더 이상 참을 수 없었어. 인조 정권은 청나라와의 한판 승부를 결심했지. 그러자 국호를 청으로 바꾼 후금은 전쟁을 일으켰어. 그것이 '병자호란'이야.

청나라 태종은 직접 군대를 거느리고 조선을 침략했어. 적이 코앞에 오자 인조는 이번에도 강화도로 도망가려고 했지. 하지만 청나라 군대가 강화도로 가는 길목을 막았고, 어쩔 수 없이 남한산성으로 몸을 피했어. 이윽고 청나라 군대가 남한산성을 이중 삼중으로 둘러쌌지.

원래 남한산성이 피난 장소로 적합한 곳이 아니었기에 청의 공격을 버티기에는 어려운 점이 많았어. 남한산성에 비축된 식량만으로는 두 달도 버티기 힘들었어. 조선군은 청나라 군대뿐만 아니라 배고픔, 추위와도 싸워야만 했단다. 청나라 군대는 외부에서 식량이 들어오지 못하도록 보급선을 완벽히 끊어 놓았어. 가끔 지방에서 올라온 군대가 있었지만 번번이 패하고 말았지. 항복할 때가 다가오고 있었어.

수어장대
요새 방어를 맡은 수어사가 명령을 내리는 곳이다.
안쪽에는 무망루(無忘樓)라는 현판이 걸려 있다.
'잊지 않을 누각'이라는 뜻으로 병자호란 때 인조가 겪은 시련과
효종이 청나라에 볼모로 잡혀 갔던 비통함을 잊지 말자는 뜻으로 붙인 것이다.

>>> 항전이냐, 항복이냐

남한산성 안에서 신하들은 맞서 싸울 것이냐 항복할 것이냐를 놓고 다투고 있었어. 어차피 질 걸 뻔히 알면서도 전쟁을 질질 끌고 있었지. 결국 인조가 항복할 뜻을 밝혔어. 이제 어떻게 항복할 것인지 청나라와 조율하는 게 문제였어.

조선은 청나라와 협상해서 인조 대신 소현세자를 항복 대표로 삼으려 했지만 거절당했어. 청나라는 인조가 죄인이니 서문으로 나오고, 임금의 옷인 용포도 입지 말라고 했어. 결국 인조는 청나라의 요구에 따랐어. 그리고 청나라 태종 앞에서 세 번 절하고, 아홉 번 머리를 조아리는 '삼궤구고두'를 해. 이건 신하로서 청나라를 충성을 다해 섬기겠다는 의미야.

불과 두 달간의 전쟁이었지만 조선은 황폐해졌어. 특히 인질 문제가 심각했어. 소현세자와 봉림대군은 물론이고 수십만에 달하는 백성들이 청나라로 끌려갔지. 소현세자와 봉림대군은 왕위 계승 서열 1, 2위니까 인질로 데려갔더라도 백성들은 왜 잡아갔을까? 풀어 주는 대가로 돈을 받기 위해서였지.

만약 광해군이었다면 호란을 피해 갈 수 있지 않았을까. 의리와 명분만 내세웠던 인조 정권의 행태는 재앙 그 자체였어. 조선이 감당할 수 없는 전쟁을 불러와 백성들의 희생을 키웠으니까.

소현세자

소현세자는 인조의 맏아들로 다음 왕위 계승자였어. 병자호란 이후 청나라에 동생인 봉림대군과 함께 끌려가 그곳에 8년 동안 머물렀지. 처음에 소현세자는 청나라에 대한 분노로 몸서리쳤을 거야. 하지만 청나라의 발전된 모습을 보고는 생각을 바꾸게 되었어. 청나라가 더 이상 오랑캐가 아니라 조선이 보고 배워야 할 선진국으로 보이기 시작한 거야.

청나라는 명나라의 수도 베이징을 점령할 때 소현세자를 일부러 데려갔다고 해. '잘 봐, 조선이 부모로 섬긴 나라가 얼마나 대단한지! 그러니까 까불면 죽는다' 뭐, 이런 의도였겠지. 소현세자는 베이징에 머물며 아담 샬(Adam Schall)이라는 독일 출신 선교사와 교류해. 덕분에 청나라의 발달된 문물에 더해 서양의 문명까지 접할 수 있었어. 그리고 청나라와 서양의 새로운 문물을 배워 조선의 힘을 키우겠다고 다짐했지.

청나라는 명나라를 무너뜨리고 소현세자의 귀국을 허락했어. 하지만 인조는 아들을 보고도 반가워하지 않았지. 소현세자가 청나라와 손잡고 자신의 왕위를 위협한다고 생각했거든. 그야말로 못난 왕에, 못난 아버지였어. 조선에 돌아온 지 두 달 만에 소현세자는 세상을 떠났어. 열을 내려 준다는 침을 맞은 지 사흘 만이었단다. 소현세자의 온몸이 까맣게 변했다고 하니 독살로 의심되는 상황이지. 인조는 봉림대군에게 왕위를 물려주었어. 효종이 된 봉림대군은 '북벌', 즉 청나라 정벌 계획을 추진한단다. 함께 청나라에서 생활했으면서도 형제의 생각은 사뭇 달랐던 거야.

18

쓱 그리기   그림 속에 그려진 지붕 '유악'을
점선을 따라 그리고 빗방울을 색칠해 봐.

유악은
언제 쓰는 걸까?

〈중희당 친림대정시 갱운시병〉

붕당을 들었다 놓았다, 환국

너희가 따라 그린 것은 '유악'이라고 해. 유악이란 기름 천막이야. 야외에서 행사를 할 때 비가 오면 막으려고 만든 것이지. 유악은 왕실의 물건이어서 왕의 허락 없이는 누구도 사용할 수 없었어. 그런데 영의정 허적이 임금인 숙종의 허락도 없이 유악을 가져다 사용했어. 숙종은 이 일로 크게 분노했고, 허적과 그를 따르던 남인들은 힘을 잃게 된단다. 남인이 도대체 누구고, 갑자기 그들이 세력을 잃게 된 건 정말 유악 때문이었을까?

⋙ 붕당으로 모이다

'남인'을 알려면 '붕당'을 먼저 알아야 해. 조선 중기에는 정치적인 견해가 다른 여러 붕당이 생겨났어. 붕당은 오늘날의 정당과 비슷해.

학문과 정치적으로 의견이 비슷한 사람들끼리 모인 무리를 뜻하는 말이란다. 어디 지역 출신이고, 어떤 스승의 제자이며, 어느 집안 출신인지가 붕당을 결정했어. 붕당의 '벗 붕(朋)' 자를 봐. 같은 고향에서 혹은 같은 스승 아래서 공부한 친구라는 뜻이거든. 그러니까 이이의 제자네, 이황의 제자네 하던 고향 선후배들이 과거를 보고 중앙에 진출하면서 붕당을 형성한 거야.

처음에는 '동인'과 '서인'이라는 붕당이 생겼어. 동인은 다시 '북인'과 '남인'으로 나뉘었지. 임진왜란 이후에는 의병장을 많이 배출한 북인이 정권을 잡았어. 하지만 인조반정으로 북인은 거의 사라지고 서인이 정권을 잡았지. 서인은 인조, 효종, 현종 3대를 걸쳐 정치를 주름잡았어. 그러다 현종 때에 벌어진 예송 논쟁으로 남인이 정권을 잡게 돼. 예송 논쟁은 뒤의 '더 알아보기'에서 설명할게. 아무튼 만년 야당에 머물렀던 남인이 여당이 되었고 이러한 가운데 숙종이 왕으로 즉위했어.

≫≫ 숙종, 환국을 일으키다

숙종은 14살의 어린 나이에 왕이 되었어. 어린 나이였지만 수렴청정도 없이 직접 나랏일을 챙겼어. 숙종이 외아들인 데다 이복형제조차 없는 적장자였기 때문에 숙종의 왕권은 콘크리트 벽처럼 탄탄했어. 그야말로 조선 왕 중에서는 정통성이 가장 완벽한 왕이었지. 무엇보다 숙종 자신의 카리스마가 대단했어. 즉위하자마자 서인의 우두머리이자 정치 100단인 송시열에게 유배형을 내렸거든.

숙종이 즉위할 당시에는 남인이 정권을 잡았다고 했지? 남인은 안정적인 권력 기반을 마련하기 위해 점점 병권을 장악해 갔어. 그런데 사실 군대의 우두머리는 누구냐, 바로 왕이거든. 숙종은 남인의 병권 장악 의도를 불쾌하게 생각했어.

때마침 남인의 우두머리인 영의정 허적이 엉뚱한 일을 저질렀어. 앞에서 그려 본 '유악' 생각나니? 허적의 할아버지가 나라로부터 공로를 인정받아 시호를 받았어. 허적은 집안의 경사스런 일을 알리기 위해 잔치를 열었지. 그런데 하필이면 잔칫날 비가 내리는 거야. 허적은 사람을 보내 궁궐에서 유악을 가져오도록 했어. 임금의 허락도 없이 말이야. 그걸 몰랐던 숙종은 늙은 신하를 배려해 유악을 빌려주라고 명했지. 그런데 허적이 이미 유악을 가져갔다는 거야. 뒷이야기는 안 봐도 뻔하지.

유악 사건 이후 서인들이 숙종에게 허적의 아들 허견이 아버지와 역모를 꾸몄다고 고발해. 결국 허적은 유배를 가고 사약을 받아. 이 일로 남인은 권력을 잃고, 서인이 재집권하게 되지. 이 사건을 '경신환국'이라고 해. '환국'이란 정치적인 국면이 전환되었다는 뜻이야. 말 그대로 남인에서 서인으로 정권 교체가 일어난 거야.

그전까지만 해도 붕당끼리 다투기는 했어도 다른 당의 존재를 인정하고 함께 정치를 했어. 하지만 숙종이 즉위한 뒤로는 서로 권력을 독차지하기 위해 다른 당을 몰아내고 한 개의 당이 권력을 독점하는 '일당 전제화'로 치닫는단다. 한마디로 내가 살기 위해 남을 죽여야 하는 비극이 시작된 거야.

>>> 장희빈, 숙종의 마음을 사로잡다

숙종의 첫 번째 왕비는 인경왕후였어. 인경왕후는 천연두로 일찍 세상을 떠났어. 뒤를 이어 인현왕후가 새 왕비가 되었어. 인현왕후는 인경왕후와 마찬가지로 서인 집안 사람이었어. 안타깝게도 숙종과 인현왕후 사이에는 아들이 없었어. 숙종은 대를 이을 왕자가 없으니 점점 초조해졌을 거야.

이때 나라도 기울게 할 정도의 미모의 장옥정이 나타났어. 장옥정은 역관 출신인 친척의 추천으로 궁궐에 들어갔어. 그때 나이가 스무 살이었대. 궁녀가 되기에는 한참 늦은 나이였지. 아마도 궁궐 안의 정보를 캐려는 정치적인 의도로 투입되었을 가능성이 매우 높아. 장옥정은 남인 쪽 사람이었거든.

숙종은 장옥정을 보고 한눈에 반했다고 해. 장옥정은 숙종의 아이를 임신하더니 훗날 경종이 되는 아기를 낳았어. 숙종이 왕이 된 지 13

년 만에 처음으로 얻은 아들이었어. 숙종의 기쁨은 이루 말할 수 없었겠지만 서인들의 등줄기에서는 식은땀이 주르륵 흘러내렸을 거야. 숙종이 장옥정의 아기를 왕세자가 될 원자로 삼겠다고 선언했기 때문이지.

『이조당쟁비화 장희빈』
1961년 출판된 역사 소설이다.

숙종의 선언 내용은 서인의 정치 기반을 송두리째 흔드는 일이었지. 서인들의 우두머리였던 송시열은 반대하며 나섰어. 인현왕후가 아직 젊어서 언제든지 왕자를 낳을 수 있다며 반대한 것이지.

노발대발한 숙종은 송시열을 귀양 보내고 사약까지 내려. 서인 출신 왕비인 인현왕후는 궁궐에서 쫓겨났고, 희빈이었던 장옥정이 그 자리에 앉아. 서인이 정권을 잃고 남인이 기사회생한 거야. 이 사건이 바로 '기사환국'이야. 인조 이후에는 서인 집안의 여인이 줄곧 왕비 자리를 독차지했는데, 남인 쪽에서 왕비가 배출된 거야. 하지만 이것은 남인의 마지막 집권이었어.

≫≫ 환국의 최종 승자는 누구?

"미나리는 사철이요, 장다리는 한 철일세." 숙종 때에 이 노래가 유행했대. 이 노래에서 미나리는 인현왕후를, 장다리는 장희빈을 뜻해. 노랫말처럼 장희빈에 대한 숙종의 사랑은 오래가지 못했어. 질투가 심한 장희빈에게 점점 싫증을 느낀 것이지. 그럴수록 인현왕후에 대한 그리움은 더해 갔어. 서인들은 숙종의 마음이 변한 것을 알고 인현왕후 복위에 힘썼어. 남인들이 들고 일어났지만 숙종은 오히려 남인들을 벌했어. 다시 권력은 남인의 손에서 서인의 손으로 넘어갔어. 장희빈은 후궁으로 물러나고, 인현왕후가 다시 왕비의 자리로 돌아왔어. 이 사건을 '갑술환국'이라고 부른단다.

환국이 거듭될수록 숙종의 왕권은 강력해졌어. 숙종은 신하들을 들었다 놓았다 하며 어느 한 붕당의 권력이 커지는 것을 막았어. 이런 방식으로 왕을 중심으로 한 정치 운영이 가능해졌지. 환국의 최후 승자는 바로 숙종이었던 셈이야.

예송 논쟁

'예송(禮訟)'이란 예법을 두고 송사를 벌인다는 말이야. 효종이 죽자 계모인 자의대비가 상복을 얼마 동안 입어야 하는지를 두고 서인과 남인이 논쟁을 벌여. 서인은 효종이 장자가 아닌 둘째 아들이므로 자의대비가 1년만 상복을 입으면 된다고 주장했어. 반면 남인은 효종이 둘째 아들이라도 왕위를 계승했으므로 장자 대우를 해 주어 자의대비가 3년간 상복을 입어야 한다고 주장했지. 이것을 1차 예송이라고 부르는데, 승자는 서인이었어.

2차 예송은 효종의 부인이 죽으면서 시작되었어. 이번에도 서인은 효종의 아내가 둘째 며느리이므로 자의대비가 9개월만 상복을 입어도 된다고 주장했어. 반면 남인은 효종의 아내가 엄연히 왕비이므로 자의대비가 1년간 상복을 입어야 한다고 주장했지. 2차 예송에서는 남인이 역전승을 거두었어.

1차 예송 때는 효종의 아들인 현종이 어렸기 때문에 집권당인 서인의 주장을 거스르는 것이 쉽지 않았을 거야. 하지만 2차 예송 때는 어느 정도 왕권이 안정된 시기였으므로 아버지인 효종의 정통성을 인정하는 남인의 손을 들어 준 것이지.

두 차례 예송 논쟁으로 서인과 남인이 충돌했지만 그것은 어디까지나 서로의 존재를 인정하는 가운데 이루어진 정치 투쟁이었어. 양반 사대부들이 왕실의 예법과 왕의 정통성을 왈가왈부할 정도로 힘이 강해진 모습도 확인할 수 있지. 하지만 숙종이 일으킨 환국으로 조선은 군강신약(軍强臣弱), 즉 '군주는 강하고 신하는 약한 나라'로 바뀌게 되었단다.

19

쓱 그리기 영조의 어진과 흉배에 있는
용의 머리를 따라 그려 봐.

〈영조 어진〉

탕탕평평, 탕평책!

영조는 탕평책을 실시한 왕으로 유명해. '탕평'은 어느 쪽에도 치우치지 않음을 의미해. 『서경』에 나오는 "무편무당 왕도탕탕, 무당무편 왕도평평"이란 글에서 가져온 말이지. 치우침과 무리가 없어야 왕도가 탕탕하고 평평해진다는 말이야. 영조는 권력을 잡은 붕당이 반대 당을 사생결단으로 몰아내는 문제를 해결하고자 했어. 이를 위해 붕당 간의 세력 균형을 만들어서 조화를 이루려고 노력했지. 이를테면 영의정이 노론이라면, 좌의정은 소론을 앉히는 방식으로 조화를 꾀한 거야. 쉽게 말하자면 권력이 어느 한쪽으로 너무 기울어졌다 싶으면 반대편을 탕 쳐서 평평하게 만드는 것이 바로 탕평책이야. 하지만 영조의 탕평책은 시작부터 순탄치 않았어.

≫≫≫ 노론과 소론, 자신들의 왕을 정하다

영조는 52년간 집권한 조선의 최장수 왕이야. 영조는 집권 내내 어머니의 신분에 대한 콤플렉스에 시달렸어. 어머니인 숙빈 최씨가 궁궐에 물을 길어 나르는 무수리 출신이었기 때문이지. 그보다 영조를 괴롭힌 건 자신이 이복형인 경종을 독살하고 왕위를 뺏었다는 꼬리표였어.

경종은 숙종과 장희빈 사이에서 태어난 아들이야. 경종은 소론의 보호 아래 무사히 왕위에 오를 수 있었지. 하지만 경종에게는 왕위를 이을 후사가 없었기 때문에 즉위 초부터 노론의 집중 공격을 받았어. 노론, 소론은 모두 서인에서 갈라진 정치 세력이야. 갑술환국 이후 서인이 다시 정권을 잡았잖아. 이때 소론은 남인에 대한 처벌을 최소화하자는 온건한 세력이었고, 노론은 남인을 이참에 싹 쓸어 버려야 한다고 주장한 강경 세력이야. 노론은 남인 세력인 장희빈의 아들 경종이 왕이 되었으니 긴장할 수밖에 없었지.

노론은 경종이 병약하고 후사가 없으므로 연잉군을 왕세제로 삼으라고 압박했어. 왕세제는 왕위를 이어받을 왕의 아우라는 뜻이야. 연잉군이 바로 훗날 영조가 되는 인물이지. 경종은 이복동생이지만 유일한 혈육인 연잉군을 왕세제로 책봉했어. 자신들의 의견이 순순히 받아들여지자 노론은 다음 포문을 열었어. 왕세제 연잉군이 대리청정을 하게 하라고 요구한 거야. 대리청정이란 왕이 병들거나 나랏일을 돌볼 수 없게 되었을 때 세자나 세제가 왕 대신 나랏일을 돌보는 것을 말해. 비록 몸이 약하긴 해도 경종이 정사를 돌보는 데 특별한 문제가 없는데 대리청정이라니, 이번에는 소론이 반격에 나섰어. 경종은 기다렸다는 듯이 노론에 방망이를 휘둘렀지. 왕세제를 책봉한 지 보름 만에 요구한 대리청정은 누가 보아도 방자한 처사였어. 결국 경종은 환국이라는 카드를 빼들어 노론 세력을 숙청했어. 어쩐지 경종에게서 아버지 숙종의 모습이 겹쳐 보이지 않니. 이쯤 되면 연잉군도 무사하지 못했을 텐데, 경종은 연잉군을 내치지 않았어. 누구보다 자신의 병약함을 잘 알기에, 왕실의 대를 잇기 위한 조처였던 것 같아.

노론 세력에게 위기가 닥쳤지만 그리 오래가지는 않았어. 경종이 병으로 눕게 되었기 때문이지. 경종은 밥도 먹지 못하고 누워 있기만 했어. 그런데 연잉군이 게장과 생감을 올렸는데 모처럼 경종이 맛있게 먹었다고 해. 하지만 설사와 복통이 이어지면서 목숨이 위중해졌어. 이때 연잉군이 처방한 한약을 먹고 얼마 지나지 않아 죽음을 맞이했다는 이야기가 전해져.

>>> 영조, 탕평을 추구하다

이렇듯 영조는 붕당의 대립 속에서 참 힘들게 왕이 되었어. 노론 세력에게는 다시 봄이 찾아왔어. 집권 세력이 된 노론은 지난날 세제

책봉과 대리청정의 일로 자신들을 숙청한 소론에게 피의 보복을 하려고 했어. 하지만 영조는 일찍이 탕평에 뜻을 두었어. 보복이 또 다른 보복을 낳으니 억울한 사람의 원한은 풀어 주고 처벌은 최소화하려 한 것이지.

노론이 세운 노론의 왕이었지만 영조는 노론의 뜻대로만 움직이지 않았어. 노론 입장에서는 영조의 행보가 괘씸했겠지. '무수리의 아들을 왕의 자리까지 앉혀 줬더니 자기 멋대로 하려고 하네' 하는 마음이 들었을 거야.

이런 사태를 해결할 영조의 해법은 무엇이었을까? 아버지 숙종은 적장자라는 완벽한 정통성 덕분에 신하들을 떡 주무르듯이 쉽게 조종할 수 있었지만 영조는 정반대의 상황이거든. 정통성이 약했던 영조는 시스템에 승부를 걸었어. 유학자들의 교과서나 마찬가지인『서경』을 펼친 거야. 거기엔 "무편무당 왕도탕탕, 무당무편 왕도평평"이란 말이 있어. 이 말을 근거로 "봐라, 왕도가 탕평하려면 무리를 지으면 안 된다고 나와 있지 않느냐"라며 붕당 자체를 아예 인정하지 않은 것이지.

영조는 소론의 온건한 인물들에게도 벼슬을 주어 붕당 간의 균형을 맞추려고 노력했어. 숙종이 집권당을 통째로 교체한 반면 영조는 반대 당 인물들을 등용하여 서로 견제하게 한 거야. 견제를 통해 정치적 안정을 이룬 것이지. 하지만 이건 어디까지나 노론의 우위 속에서 이루어진 균형이었어. 영조의 탕평 의지를 시험하는 먹구름이 드리우고 있었지. 무슨 일이 벌어진 걸까?

>>>> 영조의 탕평을 시험한 무신난

소론 강경파는 경종의 죽음을 연잉군 탓으로 돌렸어. 연잉군이 게장에 독을 탔다고 굳게 믿은 것이지. 이들에게 연잉군, 즉 영조는 왕위를 뺏은 반역자나 다름없었어. 영조가 집권한 지 4년이 되었을 때 왕을 몰아내려는 무신난이 일어났어. 소론 강경파와 남인 일부가 참여한 반란이었어. 이인좌가 중심이 되어 일으켰기 때문에 '이인좌의 난'이라고도 부르지.

영조는 소론 온건파에게 토벌을 맡겼어. 한때 서인이라 불리며 같은 배를 탔던 인물들끼리 맞붙게 된 것이지. 노론은 애초에 소론을 제대로 숙청하지 않았기 때문에 반란이 일어난 것이라며 격하게 분노했어. 다행히 토벌은 성공했어. 화가 잔뜩 난 노론은 소론에 대한 강력한 처벌을 요구했어.

하지만 영조는 이번에도 탕평의 깃발을 높이 들었어. 상대 당을 공격하며 쌓이고 쌓인 분노가 반란으로 이어졌다고 봤거든. 영조가 즉위 초에 탕평책을 실시하지 않고 노론의 뜻대로 소론을 처벌했다면 이인좌의 난의 폭발력은 훨씬 컸을 거야. 영조는 이번에도 처벌을 최소화하고 노론과 소론 간에 휴전을 요청했어. 양당의 대표를 불러서 화해의 제스처로 손을 마주 잡게 하는가 하면 눈물로 호소하기도 했지. 문을 걸어 잠그고 당쟁을 일삼는 신하들과는 만나지 않겠다며 단식투쟁을 벌이기도 했어. 이런 과정을 통해 영조는 점차 숙종 못지않은 왕권을 누리게 되었어. 하지만 영조의 정통성과 경종 독살설을 들먹이는 글들이 여기저기 나붙었지. 게다가 반란을 일으켰던 잔당들의 역모가 계속 이어졌어. 영조의 인내심은 바닥났어. 결국 소론 강경파를 모두 숙청했지. 이제 노론이 그토록 꿈꾸던 세상이 찾아왔어. 탕평은 껍데기만 남고 조정에는 노론만 득실댔지. 비록 말년에는 노론으로 인사가 기울었지만 탕평을 위한 영조의 노력만큼은 높이 사야 하지 않을까.

탕평도 다 같은 탕평이 아니야

숙종도 정치 세력을 조정했는데 그것도 탕평이 아니냐고? 숙종은 반대 당을 숙청하는 환국을 주도했기 때문에 진정한 의미의 탕평을 실현했다고 보기 힘들어. 강화된 왕권으로 어느 한 붕당이 강해지는 것을 억눌렀을 뿐이지. 그래서 숙종의 탕평책을 '명목상의 탕평'이라고 얘기하기도 해.

영조는 붕당의 옳고 그름보다는 어느 붕당이든 과격한 인물을 물리치고 온건한 인물을 등용하려고 했지. 이러한 영조의 탕평 의지는 성균관 앞에 세운 탕평비에서도 확인할 수 있어. "두루 사랑하고 편당(한 당파에 치우침)하지 않는 것은 군자의 공정한 마음이요, 편당하고 두루 사랑하지 않는 것은 곧 소인의 사사로운 생각이다."

정조는 영조의 탕평책을 잇기는 하지만 영조와 달리 붕당을 인정했어. 다만 붕당 간의 옳고 그름을 분명하게 가리려 했지. 붕당 간의 공개적인 논쟁을 통해 시시비비를 가리려 했던 거야. 영조가 붕당 간의 수적 균형을 중시했다면 정조는 의리 있고 능력이 있는 사람을 적재적소에 뽑아 쓰는 등 좀 더 적극적인 탕평을 펼쳤단다.

20

쓱 그리기

빈 칸에 자기 이름을 적고,
문서 오른쪽 위의 **勅命**(칙명)이라는
한자를 따라 써 봐.

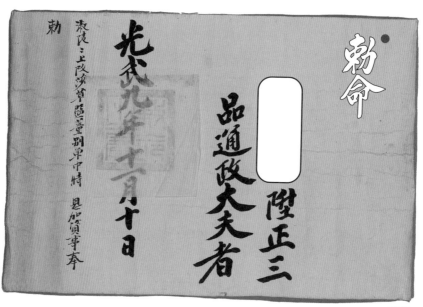

공명첩

● 칙명  를 정3품 통정대부로 임명함.

여기 서명하는 순간
너도 양반이 되는 거야! 야호!

물건처럼 여겨진 사람들

조선 시대에 평민과 천민은 벼슬을 사서 양반이 되는 것을 꿈꾸기도 했어. '공명첩(空名帖)'이 있으면 그 꿈이 이루어졌지. 너희가 이름을 쓴 문서가 바로 공명첩이야. 공명첩에는 관리로 임명한다는 내용이 담겨 있고, 받는 사람의 이름은 비어 있어. 가장 오른쪽에 너희가 따라 써 본 한자 '칙명(勅命)'은 대한제국 황제가 관원에게 관직, 품계 등을 내려 준다는 것을 뜻하는 말이야. 그러니까 이걸 사면 합법적으로 신분 상승을 할 수 있는 거지. 하지만 실제로 관직에 종사하는 것은 아니고, 명예직을 받는 거야. 이름만 받는 거지. 명예직이라지만 분명 양반의 반열에 오른 거야. 이렇게 양반이 되면 세금을 면제받는 등의 혜택을 누릴 수 있었단다. 공명첩을 사고 "이 양반아, 저 양반아" 하고 다른 양반을 부르면서 우쭐해졌을지도 몰라. 왜 너도나도 양반이 되고 싶어 했을까?

>>> 사람 대우를 받지 못한 사람들

노비는 주인의 재산이나 마찬가지여서 매매, 상속, 증여, 양도를 할수 있었어. 가축과도 같았다고 볼 수 있지. 조선 전기의 노비 상속 문서들을 보면 부모로부터 노비의 수를 거의 같게 상속 받은 기록도 발견할 수 있어. 예를 들어 부모가 죽은 뒤 노비 45명을 삼남매가 똑같이 15명씩 나눠 가진 것이지. 조선 전기에는 아들딸 차별 없이 재산을 똑같이 나눠 상속했기 때문이야. 노비를 상속을 하는 재산, 즉 물건처럼 여겼던 것이 잘 느껴지지. 결국 노비 가족은 영원히 함께할 수 없었어. 주인이 죽어 자식들에게 상속을 할 때가 되면 노비 가족은 갈가리 찢어질 수밖에. 정말 안타깝지.

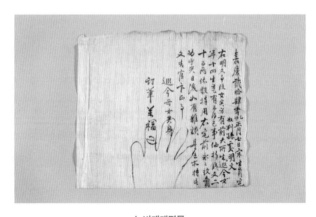

노비매매명문
노비를 사고팔 때 작성한 문서로
노비의 손가락 마디마디를 그려 매매 대상을 증명했다.

조선 후기 학자 유형원이 쓴 『반계수록』에 노비들이 어떤 대우를 받았는지 잘 보여 주는 대목이 있어. "노비를 대할 때에 은혜와 의리는 전혀 없다. 기아와 추위에 고생하더라도 그들의 운명으로 여기면서 불쌍히 여기지도 않는다. 다만 형벌로 다스리고 매와 몽둥이로 내몰면서 살리고 죽이기를 소나 말처럼 한다." 신분제에서 가장 밑에 있는 노비들은 대부분 자신의 처지를 운명으로 받아들이며 살았어. 하지만 일부는 신분 상승의 기회를 잡기 위해 노력했지. 노비들의 삶을 좀 더 들여다볼까?

≫≫≫ 내 이름은 돌쇠, 개똥이

너희들 노비 이름 하면 뭐가 떠오르니? 돌쇠? 마당쇠? 미디어의 영향이기도 하지만 실제로 이런 이름이 흔하게 사용되었어. 글로 쓸 때는 쇠를 '쇠 금(金)' 자로 적었어. 돌쇠는 '乭金(돌금)', 마당쇠는 '麻堂金(마당금)'으로 쓴 것이지. 가축 취급을 받던 노비일지라도 구별을 위해 이름을 지었어. 다만 동식물, 성격, 하는 일 등에 빗대어 천하게 짓는 경우가 많았지.

개똥이도 노비의 대표적인 이름이야. 한자로 '끼일 개(介)' 자와 '똥 시(屎)' 자를 써서 '개시'라고도 불렸어. 발음은 개시지만 뜻은 개똥이가 되지. 개도 아닌 똥으로 불린 노비의 삶이 처량하게 느껴지지 않니. 조선 시대에는 돌쇠, 마당쇠, 개똥이들이 무수하게 존재했어.

동물에 빗댄 이름으로는 강아지, 도야지(돼지), 송아지, 두꺼비 등이 있었어. 남의 집에 더불어 산다고 해서 더부살이, 남의 집 담에 붙어 산다고 해서 담사리라고도 불렀지. 광자리(光自里)란 이름도 있었어. 첫 글자가 '빛 광(光)' 자잖아. 광자리는 빛자리, 즉 빗자루를 의미해. 여자 종들에게는 얼굴이 곱다고 해서 곱단, 넓적하다고 해서 넙덕이라고 이름을 붙였단다.

>>> ## 집 안의 노비, 집 밖의 노비

노비는 누가 소유하느냐에 따라 크게 공노비와 사노비로 나뉘었어. 관청에 소속된 공노비는 잡역을 하고 나라에서 돈을 받아 생활했어. 개인이 소유한 사노비는 두 종류로 나눌 수 있어. 주인이 집이나 인근에서 부리는 '솔거 노비'와 주인과 멀리 떨어져 사는 '외거 노비'가 있었단다.

솔거 노비는 주인의 땅에서 농사를 짓고 땔감을 마련하며 온갖 잔심부름을 했어. 대신 최소한의 생계를 보장받았지. 하지만 주인이 부르면 바로 달려가야 하는 고달픈 처지였어. 외거 노비는 솔거 노비에 비해 주인의 간섭이 적어 비교적 자유롭게 살았어. 주인에게 노동력을 제공하지 못하는 대신에 '신공'을 바쳐야 했어. 신공은 면포나 쌀 등의

〈경직도〉 중 타작
노비들이 수확한 벼를 타작하고 있는 모습이다.

현물로 매년 일정한 양을 바쳤지. 외거 노비는 주인에게 신공을 바치면서 틈틈이 재산을 늘려 나갔어. 주인 땅이나 남의 땅을 경작해 절반은 바치고 나머지 절반은 제 몫으로 챙길 수 있었거든. 그러면서 노비가 노비를 소유하기도 하고, 땅을 사들이기도 했어. 늘어난 재산은 노비 신분이란 굴레를 벗어나는 데 도움이 되었어.

≫≫ 돈으로 노비 신분을 벗다

어떻게 재산이 노비 신분에서 벗어나는 데 도움이 되었을까? 대표적으로 두 가지 방법이 있었어. 조선은 전쟁이 일어나 군량이 부족하거나 자연재해로 기근이 발생하면 곡식을 받고 노비를 '양인'으로 '면천'해 주었어. 이를 곡식을 납부한다는 뜻의 '납속(納粟)'이라고 불렀어. '양인'이란 조선 시대 천민 이외에 모든 사람을 말하고, '면천'이란 천민이 본래의 신분에서 벗어나 양인의 신분을 얻는 것을 뜻하는 말이야.

신분 상승을 하고 싶은 사람들은 나라에서 파는 공명첩을 사서 '통정대부'라는 명예직 벼슬을 얻기도 했어. 이름을 쓰는 난이 비어 있다고 해서 공명첩(空名帖)이라 불렀지. 아까 너희가 이름을 써 넣은 공명첩 기억나지? 바로 그거야. 공명첩에 이름을 써 넣는 순간부터 누구나 양반 행세를 할 수 있었지. 재산이 많은 노비들에게 납속과 공명첩은 합법적으로 신분 상승을 할 수 있는 절호의 기회였어.

⋙ 100세 노비

노비 신분에서 벗어나는 방법에는 매매, 저항, 도망이 있어. 돈으로 신분을 사서 상승하는 매매는 앞에서 이미 설명했지? 저항은 죽음을 각오해야 했고 성공한 적도 거의 없지. 가장 많은 경우가 '도망'이야. 노비는 주인이 잔혹하게 다스리면 결국 도망치는 길을 선택했어. 『성종실록』을 보면 "추쇄도감에서 잡아서 돌려보낸 서울과 지방의 노비는 모두 26만 1,984명입니다"라고 나와. '추쇄'란 도망친 노비를 찾아내서 주인에게 돌려보내는 것을 말해. 26만 여 명이라니. 엄청나지? 노비들은 일반적으로 도망쳐서 신분의 굴레에서 벗어나려 했던 거야. 그럼 새로운 삶을 찾아 나선 노비들은 정말 신분에서 자유로워졌을 까? 아니, 문서상으로는 여전히 노비로 남았어.

양반들의 호적을 살펴보면 100세가 넘은 노비들의 이름이 엄청 많이 나와. 심지어 200세가 넘은 노비도 있어. 어떻게 이런 일이 벌어졌을까? 호적에라도 이름과 나이를 올려놓아야 후대에 소유를 주장할 수 있었거든. 언젠가 도망간 노비의 후손을 찾았을 때를 대비한 거야. 양반들의 소유욕과 집착이 만들어 낸 결과라고 할 수 있지.

>>>> **평민이 되면 행복할까**

평민 신분이 되면 각종 세금을 내는 것은 물론 '부역'에 시달려야 했어. 부역이란 국가가 백성에게 보수 없이 의무적으로 노동을 시키는 걸 말해. 그중 가장 피하고 싶은 것은 '군역'이었어. 군역이란 16~60세의 평민 남성에게 주어진 국방의 의무야. 대부분은 나라에 베를 내고 군 복무를 면제 받았지. 군역을 면제하여 주는 대신 국가가 받는 베를 '군포'라고 해. 하지만 부패한 관료들은 갓난아기나 죽은 사람에게까지 군포를 부과했어. 군포는 평민들에게 큰 부담이었지. 정약용이 지은『목민심서』에는 군역으로 고달파하는 백성의 삶이 적혀 있어.

"어린것 입힌 적삼 어깨 팔꿈치 나왔거니 태어나서 바지 버선 한 번 걸쳐 보았겠나 … 큰 아이 다섯 살에 기병으로 등록되고 작은 애도 세 살에 군적에 올라 있어 … 두 아들 세공으로 오백 푼을 물고 나니 어서 죽길 원할 판에 옷이 다 무엇이랴."

평민이 된 노비는 과연 행복했을까. 어쩌면 의식주로 고민하지 않던 노비 시절이 더 행복했을지도 몰라. 하지만 돈을 주고 신분 상승을 꾀했든, 도망을 쳤든 간에 억압과 착취의 굴레에서 벗어나려는 인간의 욕망은 당연한 것이 아닐까.

『단원 풍속도첩』 중 〈나들이〉
부채로 얼굴을 가린 선비 밑에 말을 끄는 노비가 보인다.
고삐를 쥔 노비만이 등을 돌린 채 맨발로 서 있다.

노비 시인 정초부

18세기 양반 여춘영은 자신의 노비 정초부가 죽자 시를 지어 "삼한 땅에 명문가 많으니 다음 세상에는 그런 집에서 나게나"라고 읊조렸어. 정초부는 시를 정말 잘 지었대. '초부'란 나무꾼이란 뜻으로 여느 노비들의 이름과 다를 바가 없었어. 특이한 점은 정씨 성을 가진 것인데, 초부의 재능을 알아본 여춘영이 면천을 해 주어 성씨가 생겼을 거야. 평민이 된 정초부는 「환곡을 구걸하며」라는 시를 짓기도 했어.

> "산새는 진작부터 산사람 얼굴을 알고 있건만 / 관아 호적에는 아예 들판 늙은이 이름이 빠졌구나 / 큰 창고에 쌓인 쌀을 한 톨도 갖기 어려워 / 높은 다락에 홀로 오르니 저녁밥 짓는 연기 피어오르네."

환곡이란 관아에서 봄철 식량이 바닥난 농민들에게 쌀을 빌려주는 제도야. 그런데 호적에 이름이 오른 사람만 환곡을 이용할 수 있었어. 정초부는 평민이 되었지만 나무꾼으로 남아 국가에 조세를 납부하지 않았기 때문에 환곡도 빌리지 못하는 처량한 신세였어. 밥 짓는 연기가 피어오르는 걸 물끄러미 바라보며 노비 시절을 그리워했을지도 몰라. 최소한 그땐 배를 곯지는 않았으니까. 이 시를 읽은 군수가 신기해하며 정초부를 불러 시를 짓도록 했다고 해. 정초부가 단숨에 시를 짓자 쌀을 내려 주었다지. 하지만 정초부는 어디까지나 정씨 성을 가진 나무꾼일 뿐이었어. 여춘영이 정초부에게 다음 생애에는 명문가에서 태어나라고 한 이유를 알 거 같아. 신분제의 벽에 막혀 뛰어난 재능을 제대로 펼쳐 보지 못했기 때문일 거야.

21

쓱 그리기

점선을 따라 도끼를 든
최누백과 호랑이를 그려 봐.

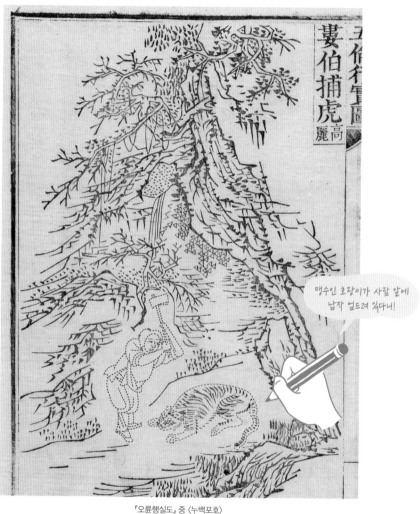

맹수인 호랑이가 사람 앞에
납작 엎드려 있다니!

「오륜행실도」 중 〈누백포호〉

삼강행실도는
왜 만들었을까?

도끼를 들고 있는 소년을 그려 보았니? 〈누백포호〉라는 이 그림은 『오류행실도』에 실린 그림이야. '행실도'란 효자, 충신, 열녀 등 본받을 만한 행동을 한 사람들의 이야기를 그림과 함께 엮은 책을 말해. 『오류행실도』는 『삼강행실도』의 뜻을 이은 책이지. 너희가 그린 사람은 최누백이라는 15살 소년이야. 최누백은 도끼 한 자루를 들고 첩첩산중으로 들어갔대. 왜? 아버지를 잡아먹은 호랑이를 잡기 위해서지. 오로지 효심 하나로 나선 호랑이 사냥이었어. 최누백은 호랑이를 발견하자 크게 꾸짖었다고 해. 호랑이는 꼬리를 내리고 바닥에 납작 엎드리지. 동물의 왕인 호랑이도 효자를 이길 수는 없나 봐. 현실에서는 이루어지기 힘든 이런 황당한 이야기가 어쩌다 그림과 함께 책으로 만들어졌을까?

>>> 유교 윤리를 퍼뜨리자

세종이 즉위한 지 10년째 되는 어느 날, 조선 사회를 큰 충격에 빠뜨린 사건이 일어났어. 진주에 사는 김화라는 사람이 자기 아버지를 죽인 거야. 효를 중시하는 유교 국가에서 벌어져서는 안 될 패륜이었어. 김화 사건을 들은 세종은 신하들과의 논의 끝에 책을 만들어 유교 윤리를 퍼뜨리고자 했어. 그래서 펴낸 책이 바로 『삼강행실도』야. 충신, 효자, 열녀 이야기를 글과 그림으로 엮어 놓았지. '삼강'이란 임금과 신하, 부모와 자식, 남편과 아내 사이에 마땅히 지켜야 할 도리를 뜻해. 세종은 백성들이 삼강의 도리를 잘 지켜 건전한 사회가 되기를 바랐던 거야.

그런데 도대체 유교 윤리는 뭘까? 조선의 유교는 성리학에 기초를 두었어. 성리학에 따르면 인간은 누구나 도덕적인 본성을 갖고 있어. 그렇기 때문에 누구나 착한 사람이 될 수 있지. 착한 사람이 되려면 '오륜'을 실천해야 하는데, 오륜에서 가장 중요한 것은 부모에 대한 효(孝)였어. 부모에 대한 효를 임금에게 옮기면 충(忠)이 돼. 유교에서는 모든 사람이 효자가 될 때 가정과 사회의 질서가 바로잡힌다고 보았어. 가정의 질서가 곧 국가의 질서나 마찬가지였던 거야. 따라서 김화 사건은 한 가정의 문제가 아니라 국가의 질서를 바로잡는 문제였어. 김화는 어떻게 되었을까? 나라를 어지럽히고 인륜을 저버린 죄로 능지처참이라는 참혹한 형벌을 당했단다.

>>> 성무가 물고기를 구하다

『삼강행실도』는 독특한 특징이 있어. 각 이야기의 앞면에는 그림이, 뒷면에는 설명이 적혀 있다는 점이야. 그림은 문자를 모르는 백성도 내용을 쉽게 이해할 수 있는 역할을 해. 게다가 그림 속 인물들의 머리 위에는 이름표가 달려 있어서 구별하기 쉽지. 『삼강행실도』는 김화 사건을 계기로 만들어진 만큼 효자 이야기가 제일 먼저 나와. 말 나온 김에 효자 이야기 하나를 더 들어 볼래?

강릉 사람 이성무는 79살이 된 홀어머니를 극진히 모셨어. 그러던 중 어머니가 병을 얻어 수개월간 밥도 제대로 못 먹었어. 그런데 어머니가 갑자기 잉어회를 찾으시는 거야. 이성무는 형제들과 함께 무작정 강에 갔어. 한겨울이라 강은 꽁꽁 얼어 있었지. 형제가 모두 얼음을 치며 울부짖기 시작했어. 그때 얼음 속에서 잉어 한 마리가 튀어 나왔대. 이성무와 형제들은 잉어를 얼른 잡아다가 회를 떴지. 어머니는 잉어회를 드시고 병이 씻은 듯 나았다고 해. 이성무의 효심이 하늘을 감동시켜 언 강에서 잉어가 튀어나온 것이지.

>>> 죽음을 무릅쓰고 말하다

충신 이야기 첫 장에는 「관용방이 죽음을 무릅쓰고 간하다」라는 이야기가 나와. 중국 고대 하나라에는 걸왕이라는 포악한 임금이 있었

173

어. 걸왕은 백성을 돌보지 않고 나랏일을 멀리한 임금이었어. 걸왕에게는 관용방이라는 신하가 있었지. 관용방은 목숨을 걸고 걸왕의 잘못을 용기 있게 비판했어. 재물을 펑펑 쓰니 나라의 창고가 비었다며 쓴소리를 했지. 또 왕께서는 걸핏하면 백성을 함부로 죽이니 그 잘못을 뉘우치라고도 했어. 하지만 걸왕은 관용방의 말을 듣지 않고 그를 죽였어. 결국 걸왕을 마지막으로 하나라는 멸망하고 말았다는 이야기야.

나라와 임금을 위해 목숨까지 내던지는 충신 이야기는 그리 특별할 것이 없어. 관용방처럼 잘못된 정치를 하는 임금에게 쓴소리를 하다 죽은 신하, 두 임금을 섬길 수 없다며 의연하게 죽음을 맞이한 신하도 역사에서 흔히 볼 수 있는 충신들의 모습 그대로이지. 반면 열녀 이야기는 우리의 상식을 뛰어넘는 내용으로 가득 차 있단다.

>>>> 김씨가 남편과 함께 묻히다

조선에서는 죽은 남편과 시댁 식구들을 위해 정성을 다한 여자들을 '열녀'로 칭송했어. 재혼하지 않고 남편의 묘를 3년간 지키고, 시부모를 잘 모시는 것이 일반적인 열녀의 모습이었지. 조선 시대에 통치의 기준이 된 법전『경국대전』에는 재혼한 여성의 아들과 손자는 과거를 볼 수 없다는 조항이 실려 있어. 재혼한 여자에게 불이익을 준 것이지. 양반 여자 입장에서 재혼해서 아들의 앞날을 막기는 쉽지 않았을 거야.

조선 후기에 이르면 백성들의 삶에 성리학적 질서가 깊게 뿌리내린단다. 열녀의 의미도 재혼하지 않는 것에서 남편을 따라 죽는 것으로 바뀌어. 죽은 남편을 따라 자살하거나 슬픔에 빠져 병으로 죽어야 열녀라 불릴 수 있는 거야. 죽어야만 사는 열녀 이야기를 한번 해 볼까.

김씨는 이강이라는 남자와 결혼했는데, 남편이 그만 말에서 떨어져 죽고 말았어. 김씨는 남편의 시신을 끌어안고 사흘 밤낮으로 통곡했대. 장사를 지낸 이후에도 밥을 끊고 울기만 했어. 보다 못한 김씨 부모가 "밥을 먹고 나서 울어도 도리에 어긋나지 않는다"고 말했지만 김씨는 그럴 생각이 전혀 없었지. 결국 김씨는 스물의 나이로 남편 곁에 묻혔단다.

열녀 이야기는 남편 대신 죽기로 결심해 끓는 물에 빠져 죽은 여인, 원나라 병사로부터 정절을 지키기 위해 팔이 잘려 나가거나 얼굴 가죽이 벗겨진 여인 등 충격적인 내용들로 가득해. 여성들에게 무한한 희생을 강요한 것은 열녀라는 이름 아래 가해진 폭력이 아닐까?

>>> 변화하는 삼강행실도

『삼강행실도』는 이후 여러 차례 만들어졌어. 사실『삼강행실도』가 처음 나왔을 때는 세종의 뜻과는 달리 널리 읽히지 못했어. 백성들이 한자를 모르는 데다 당시 인쇄술로 많은 양을 보급할 수 없었기 때문이지. 그 뒤 성종은 3권 분량의 『삼강행실도』를 1권으로 만들고, 한글로 뜻을 풀어 쓰도록 했지. 그제야 『삼강행실도』가 백성들의 윤리 교과서로 떠오르게 되었어. 분량을 줄이는 과정에서 중복되는 내용과 극단적인 사례가 크게 줄어늘었어.

조선 제11대 왕 중종은 어른과 아이, 친구와 형제 사이의 도리를 다룬 『이륜행실도』를 만들었어. 이로써 유교 윤리인 오륜이 책으로 완성된 셈이야. 정조는 『삼강행실도』와 『이륜행실도』를 합쳐 『오륜행실도』를 만들었고, 이렇게 『삼강행실도』는 변화해 왔어. 세월이 흐르면서 조선 사람들은 『삼강행실도』를 가슴에 새겼고, 유교 윤리가 생활 속에 깊숙이 뿌리내리게 되었단다.

장가가는 남자

남자는 결혼을 할 때 '장가를 간다'고 말해. 어디로 간다는 말일까? 바로 처가, 즉 아내의 집으로 가는 것이지. 신부의 집으로 장가가는 풍습은 고구려로 거슬러 올라가. 사위를 데려온다고 해서 '데릴사위제'라고도 부르는 '서옥제'지. 처가에 '사위의 집'이란 뜻의 '서옥'을 짓고 사위를 이곳에 머무르게 해. 고려 시대에도 자식이 장성할 때까지 처가에 머무르는 것이 일반적이었어. 조선 전기까지만 해도 대부분 처가에서 자녀를 낳고 길렀어.

이러한 풍습은 아들과 딸을, 친가와 외가를 같은 핏줄, 대등한 관계로 보고 있다는 것을 나타내. 재산 상속도 아들딸 차별 없이 양을 같게 나누어 주는 균분 상속이 이루어졌어. 조상에 대한 제사를 아들딸 구분 없이 돌아가며 지냈기 때문이지.

조선 후기에 양반의 수가 늘자 성리학의 영향력도 자연스럽게 커졌어. 가족 제도는 남성, 장자 우대로 변화해 간단. 재산 상속에 있어서도 장자의 몫이 점점 늘어났어. 남자가 처가로 장가가는 일은 사라지고, 딸은 재산 상속에서 소외되었단다. 제사를 장자가 도맡았기 때문이야. 놀부와 흥부는 형제인데 형인 놀부는 잘살고 동생인 흥부는 가난한 이유를 이제 알겠지?

22

쓱 그리기

두 그림에는
다른 곳이 한 곳 있어.
어디인지 찾아봐!

다른 곳이 분명 있어!
힌트는 의자야!

〈사궤장연겸기로회도〉

자본주의의
물꼬를 트다

다른 부분이 어디인지 찾아냈니? 정답은 그림 위쪽 의자에 있는 지팡이야. 너희가 다른 그림 찾기를 한 그림은 '사궤장'의 모습을 담고 있어. 사궤장이란 임금이 70세가 넘은 신하에게 의자와 지팡이를 하사하고 잔치를 베푸는 것을 말해. 지팡이를 짚고 의자에 앉아서라도 임금 곁에서 나랏일을 함께 돌보자는 의미였어. 그만큼 사궤장은 최고로 명예로운 행사였어. 너희가 찾아낸 지팡이는 '살포'의 모양을 따왔어. 살포는 논의 물꼬를 막거나 트는 데 사용하는 농기구야. 임금이 내린 귀중한 지팡이가 농기구에 불과하다니 조금 이상하니? 살포는 주로 지배층의 무덤에서 출토되었어. 예부터 농업 사회에서 물을 다스리는 능력은 통치 능력과 비례했어. 그러니까 살포는 농사를 장악하고 나라를 통치하는 상징인 것이지. 조선이 얼마나 농업을 중시했는지도 알 수 있겠지? 그럼 이제 우리 살포를 쓰던 논으로 한번 들어가 볼까?

논의 물꼬를 트거나 막는 농기구 살포

≫≫≫ 한 해 농사 운을 건 이앙법

봄철이 되면 농부들이 '모내기 한다'고 하지? 오늘날에도 5월 말에서 6월 초가 되면 TV에서 모내기하는 풍경을 볼 수 있어. 모내기를 '이앙법'이라고 하기도 해. 임진왜란 이후 조선 후기가 되면서 이앙법이 전국적으로 퍼져 나갔어. 모내기는 못자리에서 모를 한 뼘 정도 키운 다음, 논으로 옮겨 심는 재배법이야. 고려 시대부터 시작되었지만 조선 전기까지는 삼남 지방의 일부에서만 시행되었어. 삼남 지방이란 충청도, 전라도, 경상도를 말하는데, 강우량이 풍부해 논농사가 잘되는 지역이지. 이앙법의 치명적인 단점은 가뭄에 약하다는 거야. 제때 비가 오지 않으면 농사를 포기할 수밖에 없었거든. 그래서 강수량이 풍부한 삼남 지방 일대에서만 이앙법이 가능했어. 비록 이렇게 위험 부담이 컸지만 제대로 한다면 수확량이 이전보다 두세 배는 많아지거든. 시간이 지날수록 한 해 운을 건 농부들의 시도가 잇따랐어. 하지만 나라에서는 가뭄으로 조세를 한 톨도 걷지 못할까 봐 이앙법을 금지하려고도 했단다.

>>> 꿈의 기술, 이앙법

조선 후기가 되면 저수지 같은, 물을 다루는 수리 시설이 발달해 전국적으로 이앙법이 가능해졌어. 물 자원이 확보된 곳에서는 모두 이앙법을 썼어. 이앙법은 그야말로 '꿈의 기술'이었어. 전에 비해 생산량이 거의 세 배 가까이 증가했거든. 줄에 맞춰 가지런히 모를 심으니 땅의 영양분이 골고루 분배되었어. 한 뼘 정도 자란 모를 논에 옮겨 심어서 잡초와 구별하기도 좋았어. 모보다 작은 싹이나 줄맞춰 심지 않은 곳에서 자라는 싹은 모두 잡초였거든. 어린 잡초는 뿌리가 얕아 뽑기도 쉬웠지.

더구나 같은 논에 보리와 쌀을 이모작(二毛作)으로 재배할 수 있게 되었어. 이게 무슨 말이냐고? 벼를 추수하고 나서 그 자리에 보리를 심어 1년에 두 농작물을 수확하는 거야. 보리는 이듬해 6월에 거둬들이는데, 벼는 5월에 씨를 뿌려야 해. 서로 한 달 정도가 겹치지? 그 기간 동안 벼는 못자리에서 모를 키우는 거야. 모가 자랄 동안 보리를 수확하는 거지. 그렇게 보리 수확이 끝나면 땅을 갈아엎은 뒤 물을 대고 모내기를 하는 거야.

보리는 쌀을 대신하는 탄수화물 공급원인 데다 국가가 조세로 거둬들이지도 않았어. 하지만 묵은 쌀도 바닥나고 보리마저 여물지 못한 5, 6월은 식량 사정이 가장 어려운 때였어. 그래서 햇보리가 나올 때까지의 넘기 힘든 고개라는 뜻으로 '보릿고개'란 말이 생긴 거란다.

>>>> 신분을 나눈 신기술

이앙법은 생산력은 증가시키고 노동력은 절감시키는 일석이조의 효과를 가져왔어. 농민들이 가장 힘들어하는 농사일이 김매기, 즉 잡초 제거거든. 이앙법으로 김매기에 투입된 노동력이 크게 줄어들어 더 넓은 땅을 경작할 수 있게 된 거지. 바꾸어 말하면 농민 1인당 경작 면적이 증가했다는 거야.

넓은 땅에서 농사를 많이 지을 수 있게 되자 부자 농민, 즉 부농이 생겨났어. 이들은 돈으로 납속책이나 공명첩을 사서 양반으로의 신분 상승을 꾀했어. 그 결과 양반의 수가 갈수록 늘어났고 신분 제도가 흔들렸어. 피지배층보다 지배층의 수가 훨씬 많은 기형적인 신분 구조가 나타난 거야.

실업자들도 생겨났어. 농토는 한정적인데 한 사람이 넓은 땅을 경작하니 누군가는 농민이기를 포기해야 했어. 그래서 돈을 받고 잡다한 일을 하는 '임노동자'가 출현하게 된 거야.

너희들 「흥부전」 알지? 형제의 모습에서 당시 사회상을 엿볼 수 있어. 놀부가 부농이라면 흥부는 임노동자야. 이것을 증명하는 대사가 나와. "우리 부부 품이나 팔러 갑시다"라는 대목이지. 흥부 부부는 초상난 집 옷을 지어 주고, 짚을 엮어 지붕도 갈아 주는 등 잡다한 일을 해. 이렇게 푼푼이 받은 돈으로 겨우 입에 풀칠을 하고 살았어.

>>>> 자본주의의 싹이 트다

이앙법이라는 신기술의 도입은 사회의 모습을 바꿔 놓았단다. 소작농은 점차 노동자 계층으로 바뀌었어. 도시로 흘러든 임노동자들은 장작 패기나 바느질 등의 잡일로 간신히 생계를 유지했어. 분명 이들을 고용한 자본가도 존재했겠지. 자본가와 노동자, 어디서 많이 들어 본 거 같지 않니? 그래, 자본과 노동은 자본주의의 양대 축이야. 자본주의란 생산 수단을 보유한 자본가 계급이 노동자를 고용해 생산 활동을 함으로써 이윤을 추구하는 것이잖아. 조선 후기에 이미 자본주의의 싹이 트고 있었던 거야. 이를 '자본주의 맹아'라고 불러. 본업을 포기할 수밖에 없었던 농민들이 자본주의의 한 축인 노동을 떠받친 셈이야. 살포로 물꼬를 터서 물이 흘러들게 하듯이 이앙법은 조선 사회에 변화의 물꼬를 트는 신호탄이 되었단다.

소작농

『단원 풍속도첩』 중 〈벼 타작〉
비스듬히 누워 담배를 피우는 마름과 일하는 소작농들의
모습이 보인다. 마름은 지주 대신 소작농을 관리·감독하
는 사람이다.

자작농은 자기 땅을 가진 농민이고, 소작농은 자기 땅이 없는 농민이야.
소작농은 농사를 짓기 위해 지주의 땅을 빌렸어. 남의 땅을 빌린 소작농
은 땅 주인에게 수확량의 절반을 바쳐야 했어. 당연히 자영농의 생활이
소작농보다 나았을 거야. 이익이 쓴 『성호사설』에서는 지주와 소작인을

주인과 손님에 빗댔어.

"옛 풍습에 남의 땅을 경작하는 것을 병작이라고 한다. 대개 주인과 손님이 수확을 반으로 나누되 손님 혼자서 모두 경작하는 것이다. 그 반을 수확할 때에 세금과 종자(씨)는 주인이 내고 손님은 부담하지 않는 것도 옛 풍습이다."

처음에는 땅 주인이 세금과 종자 비용을 부담했지. 하지만 그걸 점차 소작인에게 떠넘기기 시작했단다. '병작'이란 공동 경작이란 뜻인데, 처음엔 병작이었지만 소작인에게 점점 불리한 쪽으로 흘러간 거야. 땅 주인이 내야 할 조세까지 내었으니 소작농의 처지가 정말 딱하지 않니.

쓱 그리기
정답

23

쓱 그리기

그림을 보고 가마와
가마꾼에 색을 칠해 봐.

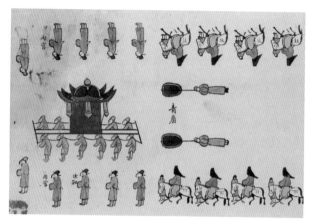

「숙종인경왕후가례도감 왕세자가례시도청 의궤」 일부

이렇게 생생한 그림을
도둑맞은 적이 있대!

의궤를 약탈한
프랑스

가마를 색칠해 보니 어때? 마치 도화서의 화원이 된 느낌이 들지. 진짜 화원들은 행렬을 빠짐없이 그리느라 비지땀을 흘렸을 거야. 가마가 그려진 그림은 '의궤'에 있는 거야. 의궤란 나라에서 큰일을 치를 때 후세에 참고할 수 있게 그 과정을 자세히 적은 책이야.

오늘날 의궤가 조명을 받을 수 있었던 것은 박병선 박사님 덕분이야. 한국 최초의 프랑스 유학생인 박사님은 프랑스 국립 도서관에서 일하게 되셨어. 그곳에서 프랑스가 약탈해 간 우리 문화재 찾기에 힘쓰셨지. 그러다 중국책으로 분류된 『직지심체요절』을 발견했어. 대한 제국 시기에 프랑스로 유출된 문화재였지. 뿐만 아니라 '외규장각 의궤' 297권도 찾아냈어. 의궤는 1866년 병인양요 때 프랑스군이 약탈해 간 문화재였어. 어쩌다 이런 일이 일어났을까? 당시 조선의 상황을 들여다봐야겠어.

>>> 이양선이 출몰하다

19세기, 조선의 바다에는 서양의 배들이 자주 출몰했어. 서양인들의 생김새만큼 배 모양도 낯설었던지 '이상한 모양의 배', 즉 이양선(異樣船)이라고 불렀지. 초기에 이양선들은 정처없이 바다를 표류하다 조선의 해안에 나타났지만 점차 통상 요구와 선교, 군사적 목적을 띠고 접근했어. 상선이 군함으로, 선원이 군인으로 바뀌면서 서양의 침략이 시작되었지.

강화 초지진
초지진은 한양으로 들어오는 길목인 강화 앞바다를 지키는
작은 요새로 병인양요는 물론 신미양요, 운요호 사건이 벌어졌던 격전지이다.

어린 고종을 대신해 나라를 다스리던 흥선 대원군은 주변국의 상황을 살폈어. 중국은 영국 함대의 공격에 종이호랑이 신세가 되었고, 일본은 미국 함대의 함포 사격에 나라의 문을 덜컥 열었지. 조선과 러시아는 두만강을 사이에 두고 얼굴을 맞대게 되었고, 급변하는 주변의 상황이 조선의 목을 조여 오고 있었어. 흥선 대원군은 어떻게 대처했을까? 흥선 대원군은 서양의 통상 요구가 곧 침략으로 이어질 거라고 믿었어. 통상을 안 하면 서양이 얻을 이익이 없으므로 조선을 침략하지 않을 거라고 판단했지. 빗장을 채우는 것만이 조선을 지키는 유일한 해결책이라고 생각했던 거야.

>>>> 병인박해

그러던 중 사건이 터져. 1866년 병인년, 러시아 이양선이 동해안에 나타나 장사를 하자며 조선을 협박한 거야. 조선 정부에는 비상이 걸렸어. 강대국 러시아의 침략이 시작될지도 모른다고 생각했거든. 그런데 러시아를 반긴 사람들도 있었어. 바로 천주교 신자들이야. 러시아의 접근이 천주교 해방을 가져다줄지도 모른다고 생각했거든. 이게 무슨 말이냐고? 러시아를 막으려면 프랑스와의 동맹이 꼭 필요하니, 국내에서 활동 중인 베르뇌 주교를 다리 삼아 프랑스와 동맹을 맺자는 논리였어. 천주교를 믿는 남종삼이란 관리가 총대를 메고 흥선 대원군에게 편지를 보냈어. 근데 이게 웬일이니? 홍선 대원군이 베르뇌 주교를 만나 보겠다는 거야. 베르뇌 주교는 대원군의 초청에 기꺼이 응했어. 주교의 마음속에는 이 기회에 조선에 천주교를 퍼뜨릴 수 있겠다는 포부가 가득했을 거야. 하지만 홍선 대원군은 주교와의 만남을 질질 끌며 사태를 주시하고 있었어. 당시 정권을 잡고 있던 양반 사대부들의 반발이 만만치 않았거든. 이들에게 신분 사회인 조선에서 평등을 외치는 천주교는 몰아내야 할 대상이었지.

그사이 러시아의 협박이 부질없이 끝나고 배는 떠나갔어. 양반 사대부들은 안도의 한숨을 쉬었어. 프랑스를 이용할 가치가 없어지자 홍선 대원군은 지배층의 편에 섰어. 그리고 국내에서 활동 중인 프랑스 선교사들과 천주교 신자들을 모두 처벌하라는 명을 내렸지. 병인년에 일어난 천주교 신자 박해, '병인박해'가 시작된 거야. 이때 9명의 프랑스 선교사와 남종삼을 비롯한 8,000여 명의 신자들이 목숨을 잃었어. 결국 병인박해는 프랑스가 조선을 침략할 빌미를 제공했어.

>>>> 병인양요

"조선 국왕이 프랑스 신부를 죽인 날이 조선 최후의 날이다."

베이징의 프랑스 대리 공사가 보낸 편지에 적힌 말이야. 조선을 응징하고 보복하겠다는 거지. 병인박해를 피해 중국으로 도망친 프랑스

신부 리델은 프랑스 함대 사령관 로즈 제독에게 조선에서 일어난 일을 모두 알렸어. 자기 나라 신부가 처형된 사실에 분노한 프랑스는 당장이라도 조선에 쳐들어올 기세였어.

로즈 제독은 병인박해가 일어난 해를 넘기지 않고 조선을 공격했어. 이 사건을 '병인양요'라고 해. 프랑스의 1차 침입은 주변을 살피는 정찰 활동에 그쳤어. 두 척의 배가 한강 양화진까지 왔다 돌아갔지. 조선은 프랑스의 침략에 맞서기 위해 한양으로 들어오는 주요 길목의 방어를 강화했어. 2차 침입은 강화도에서 시작되었어. 프랑스군은 강력한 화력으로 강화성을 지키는 조선군을 순식간에 물리쳤지. 그 와중에 외규장각에 보관 중이던 의궤와 은괴를 약탈하기까지 했어. 금과 비단으로 꾸며진 조선 왕실 의궤가 꽤나 값나가 보였던 모양이야. 이때 너희가 앞에서 그린 가마가 있는 의궤가 프랑스로 가게 된 거야.

프랑스군은 내친김에 한양 공격을 위해 작전을 벌였지만 조선군의 수비에 막혀 다시 강화도로 후퇴해야만 했어. 한양 공격이 어려워지자 프랑스군은 강화도를 베이스캠프로 삼아 장기전을 대비했지. 프랑스군은 지대가 높아 적을 경계하기 쉬운 남쪽의 정족산성을 차지하려고 했어.

양헌수 장군은 프랑스군의 허를 찌르기 위해 과감한 작전을 구상했어. 어둠이 짙게 깔린 밤, 포수 300명을 이끌고 물살이 거세기로 유명한 강화 해협을 건넜지. 부대는 곧바로 정족산성에 들어갔어. 그런

사실을 알 턱이 없는 프랑스군은 대포도 없이 정족산성으로 진입했어. 조선군을 얕본 것이지. 성곽에 기대어 매복하고 있던 양헌수 부대는 프랑스군이 들어오자 일제히 총을 쐈어. 겨우 목숨을 부지한 로즈 제독은 조선에 온 지 20여 일 만에 완전히 물러갔단다.

조선은 간신히 위기를 넘겼어. 하지만 바다 건너 세계는 근대화라는 파도가 출렁이고 있었어. 근대화된 나라와 그렇지 못한 나라의 힘은 엄청난 차이가 났지. 그 거대한 파도가 조선을 집어삼키기 전에 조

잠두봉
잠두봉은 병인박해 때 천주교 신자들의 목을 자르는
처형 장소가 되면서 '절두산'이라 불리기도 했다.

선도 근대화를 이루려는 노력을 해야 하지 않았을까? 그런 면에서 흥선 대원군의 정책은 조선의 근대화를 늦추었다는 부정적인 해석도 있단다.

나라의 문을 열자!

흥선 대원군과는 반대로 조선의 문을 열어야 한다고 주장한 사람들이 있어. '통상개화론자'들이지. 우의정까지 지낸 박규수가 대표 인물이야. 박규수는 『열하일기』를 쓴 연암 박지원의 손자야. 북학파 실학자였던 박지원은 우리도 청나라의 학문과 문물을 배워야 한다고 외쳤어. 하지만 당시 조선 지배층은 만주족이 세운 청나라를 인정하지 않았어. 오랑캐들이 잠시 중국을 점령한 상태로 보았거든. 박규수는 할아버지의 열린 생각을 이어받았어. 물론 대놓고 문호 개방을 주장하지는 못했지. 흥선 대원군 집권기에도 양반 사대부들은 서양 세력을 서양 오랑캐, 즉 '양이(洋夷)'라 부르며 배척했거든. 하지만 박규수는 자신의 사랑방에서 후배들을 키우며 이들에게 자신의 뜻을 심었단다. 그는 지구본을 이리저리 돌리며 이렇게 말했다고 해. "오늘날 정해진 중국이 어디 있느냐? 이리 돌리면 미국이 중국이 되고, 저리 돌리면 조선이 중국이 된다." 조선 선비들의 중국 중심 세계관을 깨뜨리는 명언이야. 박규수의 사랑방에서 시작된 개화의 싹은 훗날 개화파의 등장으로 열매를 맺는단다.

24

쓱 그리기

힌트를 보고
'사이고 다카모리'를 찾아봐.

 힌트 1 체구가 크고 턱수염이 풍성하다.

힌트 2 굉장히 흥분해 있다.

〈정한론지도〉

이 사람들 수상한데?
무슨 얘기를 하고 있는 거지?

바다에서 밀려온
근대의 파도

서양식 옷을 입은 일본인들이 양쪽으로 나뉘어 격하게 논쟁 중이네. 일본은 1868년 메이지 유신 이후 서양과 같은 근대 국가로 바뀌었어. 그림처럼 머리를 짧게 하고 서양식 옷을 입고 있는 인물들을 통해 변화된 일본을 조금이나마 느낄 수 있단다.

그림 한가운데, 모자를 벗어 들고 서서 열변을 토하고 있는 사람이 바로 사이고 다카모리야. 사이고 다카모리는 일본을 근대화시킨 메이지 유신의 주역이지만, '정한론'이 받아들여지지 않자 내전을 일으켰다가 죽음을 맞이한 인물이야. 그림 속의 사이고 다카모리는 도대체 무슨 주장을 하고 있는 걸까? 바로 '정한론'이야. 정한론이 뭐냐고? 그걸 알려면 먼저 조선을 대하는 일본의 태도를 들여다봐야 해.

≫≫≫ 한반도를 점령하라

조선이 서양 세력의 침략을 한창 막아 내고 있을 때 거꾸로 일본은 서양을 닮기 위한 커다란 변화를 겪었어. 1868년 일어난 메이지 유신으로 막부가 무너지고 일본은 일왕이 직접 나라를 다스리는 근대 국가로 탈바꿈해 가고 있었던 것이지. 일본은 새 정부가 들어선 사실을 조선에 알리기 위해 외교 문서인 '서계'를 보냈어. 조선은 당황스러웠어. "우리 천황께옵서" "조칙을 내리시어"같이 황제를 뜻하는 황(皇) 자와 황제의 명령을 뜻하는 칙(勅) 자가 문서에 들어 있었기 때문이야. 두 글자 모두 중국 황제만 쓸 수 있었어. 만약 이 문서를 받는다면 중국 대신 일본을 섬기겠다는 말이 되지. 일본을 왜로 낮추어 부르던 조선에게 황과 칙을 쓴 문서를 보내다니 정말 어이없는 일이었지. 조선은 외교 격식에서 벗어난 서계를 돌려보냈어. 이를 '서계 사건'이라고 해. 이 사건이 일본에서는 뜨거운 감자로 떠올라.

일본은 수백 년 동안 칼을 찬 사무라이들이 다스리는 나라였어. 하지만 메이지 유신 이후 칼을 빼앗긴 사무라이들의 불만은 하늘을 찔렀어. 메이지 유신의 중심 인물인 사이고 다카모리는 사무라이들의 울분을 바깥으로 돌리기 위해 한반도를 점령하자는 주장을 펼쳤어. 이것이 바로 '정한론'이야. 그런데 때마침 서계 사건이 일어난 거야. '감히 일본을 모욕하다니 가만히 있을 수 없지 않은가.' 이것이 사이고 다카모리가 주장한 정한론의 명분이었어. 하지만 이제 막 근대 국가로 첫

발을 내디딘 메이지 정부에게 한반도 점령은 부담스러운 일이었어. 게다가 조선은 흥선 대원군이라는 강력한 구심점을 중심으로 서양 세력을 막고 있었으니 쉽지 않은 일이었지. 결국 정한론은 시기상조라는 주장이 받아들여졌어. 하지만 말 그대로 아직 이르다는 것일 뿐 정한론은 버려지지 않았어. 잠시 뒤로 미루어졌을 뿐이지. 그때 조선에 뜻밖의 상황이 펼쳐졌어.

≫≫ 국적 불명의 군함이 나타나다

강화도 앞바다에 국적을 알 수 없는 군함이 나타났거든. 어떻게 된 일이냐고? 당시 조선은 흥선 대원군이 물러나고 고종이 직접 나랏일을 챙기고 있었어. 고종은 아버지와 달리 서양의 문물을 받아들이는 개화를 주장했어. 고종은 일본과의 관계에서 걸림돌이 되었던 서계 문제에도 유연했지. 일본이 '황'이나 '칙'과 같은 표현만 자제한다면 일본과 다시 교류하겠다고 약속했거든.

하지만 하루아침에 개화를 이루기란 정말 어려운 일이었어. 물러난 흥선 대원군과 수구파를 중심으로 개화 반대 운동이 거세게 일어났어. 일본이 다시 보내온 서계에 문제의 표현이 여전히 나왔고 고종은 그걸 거부할 수밖에 없었어. 일본과의 관계는 나빠졌고, 일본에서는 수그러들었던 정한론이 고개를 들기 시작했어.

그리고 1875년, 일본은 운요호를 강화도 앞바다에 보냈어. 나중에 일본은 운요호가 일장기를 달고 있었다고 주장했지만 분명 국적 불명의 군함이었어. 병인양요 때 프랑스는 병인박해라는 침략의 구실이 있었어. 하지만 일본에게 딱히 구실이랄 것이 없었지. 그래서 조선을 침략할 구실로 운요호를 보낸 거야. 운요호에서 내려온 작은 보트가 식수를 구한다며 강화 해협으로 접근했어. 강화도를 지키는 첫 번째 보루인 초지진에서는 경고 사격을 했어. 어느 나라든 그렇게 했을 거야. 하지만 일본은 평화적으로 임무 수행 중인 운요호를 조선군이 느닷없이 공격했다고 억지를 부렸어. 책임을 조선에 떠넘긴 것이지. 그러고는 초지진을 쑥대밭으로 만들고, 영종도에 군대까지 상륙시켰어. 이렇게 한바탕 난리를 피우고는 의기양양하게 일본으로 돌아갔지. 영종도의 백성들은 악몽 같은 하루를 보내야만 했어.

이듬해 일본은 운요호 사건의 책임을 물으며 강화도 앞바다에 다시 나타났어. 이번에는 전쟁이라도 벌일 듯 함대를 끌고 와서 개항을 요구했지. 조선 정부는 이 문제를 두고 의견이 둘로 나뉘었어. 일본은 서양 세력과 같으니 문을 열어서는 안 된다는 '척화론'과 일본은 일본이고 서양은 서양이니 일본과 조약을 맺자는 '통상 개화론'이었어.

척화론을 따르려면 일본과의 일전을 각오해야 했어. 고종은 일본과 전쟁을 벌일지, 아니면 조약을 맺을지 고심했어. 일본은 계속 개항을 요구하고, 청나라마저 일본과 싸우지 말라고 권하자 조선은 결국

강화도 조약을 강요하는 일본의 무력 시위

연무당에서 강화도 조약 체결을 강요하는 일본군

일본과 조약을 맺기로 결정하지.

>>> 강화도 조약

조약이란 무엇일까? 조약은 국가와 국가 사이의 약속이야. 서로 싸우지 않고 대화와 타협으로 문제를 풀자는 약속. 조약이 평등하건 불평등하건 국가 간 합의를 보게 되면 힘의 우열 관계가 유지돼. 그럼으로써 평화로운 시기를 누리게 되지. 조선은 일본과 평등한 조약을 맺었을까? 또 일본과의 우열 관계는 어떻게 되었을까?

1876년, 조선은 일본과 최초의 근대적 조약인 강화도 조약을 맺었어. 일본 협상 대표는 미리 작성한 조약의 초안을 내밀었어. 우리의 뜻이 반영되지 않은 일본의 일방적인 요구였지.

조선은 양국 관계를 과거의 교린 관계로 묶는 데 집중했어. 조약 초안의 말머리에 '대일본제국 황제 폐하와 조선 국왕 전하께서는'이라는 표현이 나오자 조선은 완강히 거부하며 수정을 요구했어. 결국 '대일본제국과 대조선국은'이라고 조선을 조약의 대등한 주체로 표시하였지. 또 '옛날의 좋은 관계를 회복하여'라는 표현으로 이 조약이 과거 교린 관계를 되살린 것임을 알렸어. 어떤 조항이 있었는지 좀 더 살펴볼까.

첫 번째 조항은 '조선은 자주국이다'라는 표현으로 조선이 일본과 동등함을 나타내고 있어. 하지만 일본의 의도는 다른 데에 있었어. 장차 일본이 조선을 차지하는 데 방해가 될 수 있는 중국의 간섭을 피하기 위해 넣은 조항이었지. 조선은 독립국이니 중국은 간섭하지 말라는 거야. 일본의 새까만 속내를 잘 보여 주는 조항이 또 있어. '일본 군함이 조선의 해안과 섬을 자유로이 측량할 수 있다'는 조항이지. 일본은 겉으로는 해안 측량권은 일본 선박의 안전한 항로 확보를 위한 지도를 만들기 위한 것이라고 밝혔어. 하지만 이건 일본 군함이 언제든 조선에 드나들 수 있도록 허락한 데다 조선의 지리 정보까지 넘기는 조항이었지. 반면에 조선은 일본의 해안을 측량할 수 없었으니, 이건 대표적인 불평등 조항이라고 볼 수 있어.

부산 이외에 2개 항구를 연다는 조항도 있어. 부산은 원래부터 일본과 교류하던 지역이기 때문에 '부산 이외에'라는 표현을 쓴 거야. 추가적인 협상 끝에 일본이 드나들 2개의 항구, 즉 '개항장'은 원산과 인천으로 결정되었어. 개항장이란 외국인의 출입과 무역을 허용한 제한된 지역이야. 그런데 말이야. 개항장에서 일본인이 범죄를 저지를 경우 어느 나라 법으로 재판을 받을까? 조선 법? 아니야. 일본 관리가 일본 법으로 재판해. 우리 통치권 바깥의 법, 즉 '치외 법권'을 인정한 것이지. 일본 사람들이 장사하기 참 좋은 조건이지. 적당히 불법을 저질러도 최소한으로만 처벌받을 테니까 말이야. 이 조항 역시 조선인이 일본에서 죄를 범한 경우는 빠져 있어서 불평등 조항이라고 할 수 있어.

강화도 조약 이후 고종과 신하들은 이번에도 위기를 잘 넘기고, 국가의 위엄도 지켰다며 만족해했어. 하지만 일본의 무력 앞에 질질 끌려 다닌 꼴이나 마찬가지야. 국제법에 무지한 조선은 일본이 하자는 대로 할 수밖에 없었지. 우물 안 개구리가 바깥 세상으로 나가려고 처음 시도했으니 실수했다고 쳐. 그래도 일단 나왔다면 바깥 세상에 적응하려고 발버둥 쳤어야 해. 비록 일본의 압력에 의한 개항이었지만 적극적으로 개화 정책을 추진해 부국강병을 이루었다면 어땠을까? 어떻게 되었을지는 모르겠지만 분명한 점은 불평등한 강화도 조약으로 일본은 빼앗는 자가 되었고, 조선은 뺏기는 자가 되었다는 거야.

쓱 그리기
정답

세 가지가 없는 조약

강화도 조약 이후 후속 조약이 맺어졌어. 그중 하나가 '조일무역규칙'이야. 이건 말 그대로 무역에 관한 규칙인데, 세 가지가 없다고 해서 '3無'로 정리할 수 있어. '무관세' '무제한 쌀 유출' '무항세'이지. 일본은 영국산 면제품을 중국 상하이에서 헐값에 사들인 후 조선의 개항장에 내다 팔았어. 질 좋고 값싼 영국산 면제품이 세금도 안 내고 들어오자 국내 면제품 산업이 쫄딱 망하고 말았어.

메이지 유신 이후 일본은 공업국으로 바뀌면서 식량 문제가 심각해졌어. 시골에서 농사짓던 청년들이 모두 도시로 갔기 때문이지. 그래서 무제한 쌀 유출 조항이 생긴 거야. 조선의 쌀이 제한 없이 일본으로 유출되자 거꾸로 조선에서 쌀이 모자랐어. 조일무역규칙으로 조선 백성들의 반일 감정이 크게 고조되었단다.

25

쓱 그리기 '문위우표' 사진을 보고
우표를 따라 그려 보자.

문위우표(오문)

아래 부분에
'대조선국우표'라고 쓰여 있어.
예전엔 '우표' 말고
'우초'라고 불렀대.

자주적 근대 국가를 꿈꾸다

'문위우표'는 1문과 5문짜리 우표가 최초로 발행되었어. 가격이 당시의 통용 화폐 단위인 '문(文)'으로 표시되어 있어 문위우표라고 부르지. 너희가 그려 본 것은 5문짜리 우표야. 1884년은 우리나라 최초로 근대적인 우편 제도가 실시된 해였어. 우정총국은 오늘날 우체국과 같은 곳이었지. 하지만 우정총국 건물의 완공을 축하하는 날, '갑신정변'이 터지면서 근대적 우편 제도는 시작한 지 얼마 못 되어 중단되고 말았단다. 갑신정변이 뭐길래? 갑신정변을 제대로 알려면 우선 임오군란을 살펴보아야 해.

>>> **임오군란이 일어나다**

강화도 조약 이후 고종은 개화 정책을 하나 둘 추진하기 시작했어.

그를 위해 젊은 개화파 관료들을 뽑아서 썼단다. 이들 중에는 자신들의 이상을 빨리 이루고 싶어 하는 급진 개화파 인물들도 있었지. 개화파 관료들은 중국, 일본, 미국과 유럽을 둘러본 뒤 우리 실정에 맞는 개화 기구를 만들었어. 신식 군대인 별기군도 그중 하나였지. 덕분에 구식 군대는 크게 축소되었고 차별 대우에 급료까지 1년 넘게 받지 못했어. 몇몇 성난 군인들이 쌀, 포, 동전의 출납을 담당하던 관청인 선혜청의 창고지기를 죽였고, 나라는 이들에게 큰 처벌을 내렸어. 구식 군인들은 더 이상 화를 참을 수 없었어. 그들은 이 모든 문제의 뿌리는 개화 정책을 실시한 명성황후와 그 가족인 민씨 세력이라고 보았어. 그래서 고관들을 죽이고는 흥선 대원군을 앞세워 궁궐로 쳐들어갔지. 이 사건을 '임오군란'이라고 불러.

처음에 임오군란은 성공한 듯 보였어. 하지만 명성황후의 요청으로 청군이 개입하면서 임오군란은 결국 실패하고 말았지. 청나라는 이기회에 조선의 일에 더 간섭하려고 했단다. 안 그래도 강화도 조약 이후 일본의 한반도 진출을 경계하고 있던 터였거든.

>>> 정변을 계획하다

임오군란을 겪은 고종과 명성황후는 개화 정책을 적극적으로 추진할 수 없었어. 임오군란 이전까지 절반쯤 열렸던 개화의 문이 임오군란 이후에는 거의 닫히게 된단다. 대부분의 개화 정책은 중단되었어. 상황이 바뀌자 급진 개화파 인물들이 가장 답답해했어. 지금 당장 문을 활짝 열어도 모자란데 문을 닫다니 거의 미칠 지경이었지. 게다가 임오군란 이후 청나라의 입김이 세져서 조선의 자주성이 크게 흔들리고 있었어.

또 다른 문제는 돈 문제였어. 임오군란 때 조선에 들어온 청군이 머무는 비용까지 대야 했으니 나라 살림은 밑 빠진 독이나 마찬가지였지. 급진 개화파 인물 중 하나인 김옥균은 일본에서 차관, 즉 돈을 빌려 재정 문제를 해결하려고 했어. 하지만 그마저 실패하고 말았어.

급진 개화파는 궁지에 몰렸어. 김옥균, 박영효, 홍영식, 서광범, 서재필, 이 다섯 개화파 인물들은 결국 최후의 선택으로 정변을 일으키기로 계획했어. 정변에 성공하려면 반드시 군사가 필요했어. 하지만 국내에는 정변을 일으킬 군대가 없었지. 김옥균은 일본 공사관을 찾아가 일본군의 도움을 요청했어. 일본은 개화파의 요청을 들어주었어. 임오군란 이후 청나라의 지배력이 강화되자 자신들의 영향력을 키우려는 속셈이었을 거야. 급진 개화파는 천군만마를 얻은 듯 기뻐했어.

>>> 갑신정변이 일어나다
하늘이 도운 것인지 주변 정세가 급진 개화파에 유리하게 흘러갔어. 청나라와 프랑스 사이에 전쟁이 일어난 거야. 청나라는 조선에 주 둔 중인 청군의 절반을 본국으로 불러들였지. 청군이 자리를 비우자 정변은 초읽기에 들어갔어. 『윤치호 일기』엔 김옥균이 당시 정세를 어 떻게 판단했는지 잘 드러나 있어. "저녁 때 김옥균이 미국 공사를 방 문하여 청프 전쟁에 대해 '우리나라의 독립할 기회가 어찌 이때에 있 다 하지 않겠는가'라는 말을 하고 갔다." 이 기회를 놓치지 않고 정변 을 일으키려는 급진 개화파들의 마음이 느껴지지?

그리고 우정총국 건물이 완성된 것을 축하하는 날이 찾아왔어. 나 라의 중요한 인물들이 모두 와 있었어. 축하 잔치의 분위기가 무르익 고 있는데, 우정총국 옆의 초가집에서 불길이 치솟았어. 이 불길이 갑 신정변의 신호탄이었어. 명성황후의 조카인 민영익이 무슨 일인가 하 고 보러 나갔다가 칼을 맞고 쓰러졌어. 청나라와 명성황후를 따르던 사람들은 혼비백산이 되어 달아났지.

김옥균과 박영효는 창덕궁으로 달려가 이 일을 고종에게 알렸어. 청나라 군대가 난을 일으켰으니 경우궁으로 거처를 옮기라고 말이야. 고종과 명성황후는 미처 사태를 파악하지 못해 머뭇거렸어. 그때 통명 전 쪽에서 폭탄이 터졌어. 김옥균이 심어 놓은 궁녀가 때마침 폭탄을 터트린 거야. 놀란 고종과 명성황후는 경우궁으로 황급히 피신했어. 급진 개화파는 일본군이 경우궁에 나타나자 안도의 한숨을 쉬었어. 그 날 밤, 임금을 보기 위해 창덕궁에 출입했던 민씨 세력의 핵심 인물들이 모두 죽임을 당했어. 김옥균을 비롯한 급진 개화파는 서둘러 정부를 구성하고 개혁 내용을 발표했어. 이때까지만 해도 갑신정변은 성공한 것처럼 보였어.

>>> **삼일천하**

이튿날이 되자 명성황후는 갑신정변의 내막을 알아차렸어. 한시바삐 경우궁에서 벗어나 청나라의 도움을 받으려 했지. 그래서 일본에게 경우궁이 좁아 불편하니 거처를 창덕궁으로 옮겨 달라고 요청했어. 일본은 김옥균과 의논하지도 않고 이를 허락했어.

한편 김옥균은 새로 임명된 대신들과 밤새 회의를 열었어. 새 정부가 장차 개혁해야 할 내용을 담은 '혁신 정강'을 정하는 자리였어. 3일째 아침, 혁신 정강을 써 붙인 글이 서울 시내 곳곳에 붙여졌어. 혁신 정강에서 개화파는 우선 조선이 청나라의 간섭에서 벗어난 완전한 독립 국가라는 것을 밝혔어. 신분제를 없애고 능력에 따라 인재를 등용할 것이라고도 했어. 왕도 의회에서 정한 법률에 따라 정치를 하는 국가를 꿈꿨지. 그야말로 조선의 모든 제도를 새롭게 뜯어고치는 내용을 담고 있었던 거야.

하지만 날벼락 같은 소식이 전해졌어. 일본이 군대를 철수하겠다는 거야. 김옥균의 설득도 소용없었어. 그사이 청군 1,500명이 군사를 둘로 나누어 창덕궁에 진입했어. 궁궐 안은 전쟁터가 되었어. 일본군은 청군이 들이닥치기 직전에 궁궐을 빠져나갔지. 개화파 군사들이 어느 정도 버텼지만 곧 뿔뿔이 흩어지고 말았어. 이렇게 1884년에 일어난 갑신정변은 3일 만에 끝났어. 그래서 갑신정변을 두고 '삼일천하'라는 말이 생겼지.

김옥균, 박영효, 서광범, 서재필 등은 일본으로 망명했어. 홍영식은 정변의 뜻을 알리고 개화의 불씨를 살리기 위해 조선에 남았다가 죽고 말았지. 백성들은 임금을 사로잡고 혼란을 일으켰던 개화파가 진압되자 기뻐했어. 사실 백성들은 개화파가 주장한 내용이 자신들의 삶에 어떻게 영향을 미칠지 알지 못했어. 개화파도 어리석은 백성들이라며 그들의 참여와 동의를 얻는 일에는 전혀 관심이 없었지.

갑신정변이 오늘날 우리에게 주는 교훈은 무엇일까? 절대로 다른 나라에게 제 나라의 앞날을 맡겨서는 안 된다는 점이야. 제 나라 백성을 버리고 외국 군대를 더 믿은 개화파의 잘못을 되새겨야 해. 탐욕적인 이웃에게 내 집을 지켜 달라는 건 말이 안 되잖아.

청일 전쟁의 불씨, 톈진 조약을 맺다

갑신정변 때 일어난 청군과 일본군의 충돌은 자칫 전쟁으로 이어질 수 있었어. 하지만 청나라는 프랑스와의 전쟁 때문에, 일본은 힘을 비축하기 위해서 서로 한 발씩 물러나면서 전쟁을 피할 수 있었어. 양국은 군사적 위기감을 해소하기 위해 '톈진 조약'을 체결했어. 양국 군대가 조선에서 동시에 철수할 것과 조선에서 큰일이 생겨 군대를 보낼 때에는 상대국에게 미리 알린다는 내용이야. 이건 언제든지 청군과 일본군이 조선 땅을 밟을 수 있다는 뜻이지.

1894년 동학 농민 운동이 일어나자 조선 정부는 청나라에 군대를 보내 달라고 했어. 청나라는 톈진 조약에 따라 일본에 이 사실을 알렸지. 일본도 미리 준비한 군대를 조선에 보냈어. 그리고 두 나라는 조선 땅에서 전쟁을 벌이지. 그러니 톈진 조약은 청일 전쟁의 빌미를 제공했다고 볼 수 있어. 갑신정변 때 미뤄진 충돌이 10년 뒤에 제대로 터진 것이지. 하지만 정작 톈진 조약을 맺을 때 조선 대표는 없었어. 우리 내정과 관련된 일인데도 말이지. 청나라나 일본이 무시해도 좋을 만큼 조선의 국력이 약했다는 얘기겠지. 근대화를 통해 부국강병을 이루는 것이 얼마나 중요한 일인지 알려 주는 대목이야.

26

쓱 그리기 다양한 모자들이 있지?
오른쪽 설명과 맞는 모자를 연결해 봐.

●

● **패랭이**

천인 계급이 쓰던 모자로
보부상은 이 위에 목화송
이를 얹어서 썼다

●

● **흑립**

양반들이 대표적으로
즐겨 쓴 모자

●

● **전립**

무관이 쓰는 모자

패랭이 벗고,
동학 농민 운동!

1888년, 여행가이자 지리학자인 샤를 루이 바라(Charles Louis Varat)가 조선에 왔어. 조선에 온 이 프랑스인의 눈길을 제일 먼저 사로잡은 것은 바로 모자였어. 그는 이렇게 말했대. "금빛 판지로 만든 신하들의 모자부터 백성들의 보잘것없는 머리싸개에 이르기까지 그렇게 다양한 방법으로 온갖 형태의 모자를 만들어 사용하는 나라를, 나는 지금까지 본 적이 없다." 조선에는 정말 다양한 모자가 있었고, 모자를 보면 신분, 직업 따위를 알 수 있었어.

특히 너희가 연결해 본 모자 중 패랭이는 백정 같은 천민들이 쓰던 모자야. 패랭이는 천대의 상징이었어. 길에서 양반을 만나면 패랭이를 벗고 엎드려서 길을 피해 줘야 했지. 이 패랭이를 없애자는 주장이 동학 농민 운동 때 등장해. 이건 평등한 사회를 만들자는 외침과도 같았지.

≫≫≫ 사람이 곧 하늘이다

'사람 위에 사람 없고, 사람 밑에 사람 없는 새로운 세상이 올 것이다.' 혹시 이 말 들어 본 적 있니? 모두가 평등한 사회를 만들자는 외침. 바로 동학이야. 동학은 1860년 최제우라는 사람이 만든 종교야. '사람이 곧 하늘이다'라는 뜻의 인내천(人乃天) 평등 사상으로 백성들의 인기를 한 몸에 받았어. 탐관오리의 수탈로 고통 받던 백성들에게는 구원의 메시지나 마찬가지였지. 당시에는 천주교가 '서학'이란 이름으로 백성들 사이에 퍼지고 있었어. 동학은 유교, 불교, 도교는 물론 민간 신앙과 천주교의 장점까지 두루 녹여낸 새로운 종교였지. 동학은 지배층이 되는 것을 목표로 삼지 않았어. 모두가 평등한 사회를 만들겠다고 했으니 정말 혁명적이었지.

조선 정부는 날로 성장해 가는 동학을 예의주시했어. 결국 교주 최제우를 세상을 어지럽히고 백성을 현혹시킨다는 죄목으로 처형했어. 동학을 이단으로 규정한 셈이지. 신분에 기초한 유교 사회에서 평등을 외쳤으니 정부로서는 당연한 일이었을 거야.

하지만 평등은 동서고금을 막론하고 차별받는 사람들의 이상이자 꿈이야. 평등을 외친 서양 종교 천주교는 어떤 취급을 받았을까? 조선 정부는 천주교 신자를 '천주학쟁이'라 부르며 탄압했어. 천주교 박해만 해도 여러 차례 일어났지. 그러나 1886년 조선이 프랑스와 수호 조약을 맺으면서 이제 조선에서는 천주교를 믿을 수 있게 되었어. 이러한 정부의 결정에 동학 교도들은 불만이 많았어. 서양의 종교는 믿을 수 있는데 국내 종교는 탄압을 하니까 말이야. 동학 교도들은 집회를 열어 목소리를 내기 시작했어. 충청도 보은에서는 1만 명이 넘는 교도들이 대규모 집회를 열었어. 그러던 중 전라도 고부에서 난리가 났어. 무슨 일이 벌어진 걸까.

>>>> 고부에서 시작된 농민 봉기

조선 시대 탐관오리들이 가장 일하고 싶었던 지역은 어디일까? 바로 전라도 지역의 고을들이야. 전라도는 우리나라에서 곡식이 가장 많이 생산되는 곳이거든. 그만큼 백성들로부터 뜯어먹을 것도 많은 곳이었지. 고부도 그중 하나였어. 고부 군수 조병갑은 탐관오리로 백성의 주머니를 쥐어짜는 데 도사였어. 조병갑은 멀쩡한 저수지를 두고 새 저수지를 쌓도록 지시했어. 게다가 농민들은 제 손으로 만든 만석보의 물을 쓰면서 세금을 내야 했어. 그뿐만이 아니야. 조병갑은 죽은 제 아버지 비석을 세운다며 집집마다 돈을 뜯어 갔어. 조병갑의 등쌀에 시달리던 마을 대표들이 참다못해 관아로 가서 부당한 세금을 없애 달라고 외쳤지만 돌아온 것은 매질뿐이었어. 곤장을 맞고 죽은 사람 중에는 전봉준의 아버지도 있었어. 평범한 농민이었던 전봉준은 이때부터 혁명가로 바뀌기 시작했어.

전봉준을 '녹두 장군'이라고 불러. 녹두는 팥알보다 크기가 작아. 녹두 장군은 몸집이 작은 전봉준을 작은 녹두에 빗대어 표현한 말이지. 전봉준은 몸집은 비록 작지만 큰 뜻을 품은 사람이었어. 1894년 고부에서 맞이한 새해는 농민들의 함성으로 시작되었어. 농민 봉기가 일어난 거야. 이 봉기를 주도한 사람이 전봉준이야. 전봉준의 주도로 백성들은 고부 관아를 습격했어. 조병갑은 이미 도망치고 없었지. 전봉준은 억울하게 옥살이 하는 사람들을 풀어 주는가 하면 관아의 곡식을 백성들에게 나누어 주기도 했어. 그러고는 관아의 무기를 가져가서 농민들의 무장을 강화했지.

깜짝 놀란 조선 정부는 일단 농민들을 달래기로 했어. 새로운 군수를 보내 성난 농민들의 요구를 들어주도록 한 거야. 그러나 이것은 속임수에 불과했어. 이윽고 '안핵사'가 파견되었어. 안핵사란 지방에서 일어난 민란을 진정시키기 위해 나라에서 보내는 관리야. 안핵사로 온 이용태는 수백 명의 군사들과 함께 나타나 봉기의 주동자들을 잡아들였어. 모진 고문과 처벌이 이어졌어. 고부는 지옥이나 마찬가지였지. 이때 전봉준은 깨달았어. 탐관오리 몇 명 내쫓는다고 세상이 바뀌는 것이 아니라는 것을 말이지. 전봉준은 더 큰 봉기를 준비했어.

≫≫≫ 전주성을 점령하다

고부 백산은 죽창으로 무장한 동학 교도들로 흰 물결을 이뤘어. 전봉준과 전라도 지역의 동학 지도자들이 함께 봉기를 일으킨 거야. 썩은 관리들로부터 백성들을 구하기 위한 대장정이 시작되었어. 동학 농민군은 관군을 격파해 나가며 전라도의 수도라 할 수 있는 전주성을 점령했어. 조선 정부는 무척 당황했어. 전주는 특별한 곳이었거든. 조선 왕조를 세운 이성계의 본관이 전주야. 동학군에게 전주성을 점령당한 것은 조선 왕실이 전복된 것처럼 여겨졌지. 게다가 전라도는 가장 큰 곡창 지대로 조선 경제에 있어 굉장히 중요한 지역이었어.

농민군의 기세에 눌린 조선 정부는 마지막 카드를 뽑아 들었어. 청나라에 도움의 손길을 요청한 것이지. 그런데 청나라 군대를 보내자 곧바로 일본도 군대를 보냈어. 갑신정변 이후에 청과 일본 사이에 맺어졌던 톈진 조약 기억나지? 어느 한 나라가 조선에 군대를 보내면 상대국에 알리기로 한 조약 말이야.

일본군까지 조선에 들어오려고 하자 깜짝 놀란 정부와 동학 농민군 지도자들은 서둘러 화해의 악수를 했어. 우리나라 문제에 외국이 간섭해서는 안 된다는 생각이 일치했기 때문이야. 이때 맺은 화해를 '전주 화약'이라고 불러. 문제가 원만히 해결되었으니 외국군은 물러가야 하겠지? 하지만 일본군은 이 핑계로 조선에 들어와 경복궁을 점령하고 청나라와 전쟁을 벌여. 조선 한복판에서 외국군끼리 전쟁을 벌이는 황당한 일이 벌어진 거야.

>>> 강도 일본을 물리쳐라

동학 농민군의 칼날은 이제 일본군을 향했어. 임금을 가두고 조선을 집어삼키려는 일본을 가만 둘 수 없었지. 이번에는 충청도의 동학 교도들까지 힘을 보태 동학 농민군의 수는 5만에 이르렀어. 농민군과 일본군은 공주 남쪽의 우금치 고개에서 맞닥뜨렸어. 일본군은 이미 싸울 준비를 마치고 농민군을 기다리고 있었어. 농민군은 목숨을 걸고 싸웠지만 일본군의 기관총과 대포를 당해 낼 수 없었지. 공주 우금치 전투는 결국 동학 농민군의 패배로 막을 내렸단다.

쟁기 대신 죽창을 들 수밖에 없었던 농민들의 마음은 어땠을까? 백산이 죽창을 든 농민들로 뒤덮여 죽산이 된 이유를 떠올려 보자. 역사의 수레바퀴는 지배층뿐만 아니라 민중에 의해서도 굴러간다는 사실을 잊지 말자고.

집강소

동학 농민군은 전주 화약의 조건 중 하나로 '집강소' 설치를 요구했어. 조선 정부가 이를 받아들이면서 전라도, 충청도, 경상도의 각 고을에 집강소가 설치되었어. 집강소는 농민이 지방관을 대신해 고을의 일을 직접 맡는 자치 기구야. 우리나라 역사상 처음으로 농민에 의한 지방 자치가 실현된 순간이야. 단 한 번도 역사의 주인 노릇을 못 했던 농민들이 통치 전면에 나선 것이지. 집강소의 농민들은 나랏돈을 떼먹은 관리들을 벌하고, 못된 양반들을 재판했어. 어떤 역사학자는 집강소의 운영이 아시아 민주주의의 시작이라고 평가하기도 했단다.

　그러나 전라도 나주에는 집강소가 설치되지 않았어. 지방관과 양반들의 입김이 농민보다 강했거든. 양반들은 스스로를 지키기 위해 민보군을 조직했어. 민보군은 우금치 전투에서 패한 동학 농민군이 고향으로 돌아오자 복수전을 펼쳤지. 민족상잔의 비극이 연출된 거야. '백성을 보호하는 군대'란 뜻의 민보군에게 백성이란 양반 계층만을 의미했나 봐.

쓱 그리기
정답

패랭이

흑립

전립

대한제국

~

근현대

27

쓱 그리기 점선을 따라 독립문의 윗부분을 그리고,
현판의 글자를 따라 '독립문'이라고 써 봐.

서울 서대문구에 가면 독립문을
실제로 볼 수 있어!

독립문

독립 협회

독립문과 비슷한 건축물을 어디서 본 것 같지 않니? 프랑스 파리 드골 광장에 가면 개선문이 있어. 독립문은 개선문을 본따 만들었어. 독립문 바로 앞에는 원래 '영은문'이 있었어. 영은문은 '은혜로운 사절', 즉 중국 사신을 맞이하던 문으로 사대의 상징이었지. 청일 전쟁에서 청나라가 패배하자 드디어 영은문이 헐렸어. 방금 그려 본 독립문 앞에 있는 두 기둥은 영은문의 흔적이야. 영은문이 있던 자리에 세워진 독립문은 중국의 속박에서 벗어나 완전히 독립한 조선을 상징하는 랜드마크가 되었단다.

독립문의 주춧돌을 놓는 행사인 정초식에는 고종은 물론이고 각국 공사와 외국인들, 구경 나온 백성들로 북적거렸어. 배재학당 학생들이 애국가를 부르자 분위기는 한껏 고조되었지. 이날 가장 만감이 교차한 사람은 누구였을까? 모르긴 몰라도 아마 독립 협회를 세운 서재필이었을 거야.

>>> 역적에서 미국 시민권자로

서재필은 급진 개화파로 갑신정변을 일으킨 사람 중 하나였어. 하지만 갑신정변이 삼일천하로 끝나자 일본으로 갔다가 미국으로 망명했지. 서재필은 미국에서는 의사로 자수성가한 우리나라 최초의 미국 시민권자였어. 이름도 필립 제이슨으로 바꾸고 새 삶을 살았지.

1895년, 미국에 둥지를 튼 서재필에게 다시 조선으로 와 달라는 요청이 왔어. 그를 부른 이는 갑신정변의 주역이었던 박영효였어. 박영효는 갑오개혁을 이끌고 있는 김홍집에게 서재필을 소개했지. 갑오개혁은 일본의 강요로 시작된 근대적인 개혁이야. 고종은 미국 시민권자인 서재필을 통해 미국의 도움을 이끌어내겠다는 계산으로 서재필의 귀국을 허락했어.

청일 전쟁 이후 일본은 호시탐탐 조선을 노리고 있었지. 서재필도 강대국에 휘둘리는 조선의 현실을 보고만 있을 수 없었어. 조선 정부가 서재필에게 중추원 고문직과 지속적인 후원을 약속하자 그의 마음은 귀국으로 굳어졌어. 다시 한번 조국의 근대화에 자신의 운명을 걸어 보기로 한 것이지. 중추원은 갑오개혁 시기 국왕에 대한 자문을 목적으로 만들어진 의결 기구로, 이곳의 고문을 맡는 건 조선을 개혁하는 데 꽤나 중요한 역할을 하게 되는 걸 거야. 12년 만에 조선 땅을 밟게 될 서재필의 머릿속에는 어떤 구상이 있었을까?

>>> 민중을 깨우쳐라!

귀국길에 오른 서재필은 분명 이런 생각을 했을 거야. '갑신정변은 왜 실패했을까? 무엇이 부족했을까? 그래, 백성과 함께 만든 아래로부터의 개혁이 아니었기 때문이다.' 갑신정변은 소수의 엘리트 청년들이 일으킨 위로부터의 개혁이었어. 백성이 호응하지 않았으니 실패할 수밖에. 당시 백성들은 급진 개화파를 임금을 사로잡고 나라를 발칵 뒤집은 못된 놈들이라고만 생각했어. 서재필은 갑신정변의 실패를 교훈 삼아 개혁을 성공시키겠다고 다짐했어. 하지만 문제는 백성이 너무 무지하다는 것이었어. 근대가 무엇인지, 민주주의가 무엇인지, 세상이 어떻게 돌아가는지를 몰랐어. 서재필은 민중 계몽, 즉 백성을 깨우치는 것이 가장 중요하다고 생각했어.

TV나 라디오가 없던 시절에는 무엇이 최고의 매체였을까? 그래, 바로 신문이야. 대량으로 인쇄하면 수많은 사람들이 다양한 정보를 접할 수 있지. 민중 계몽에도 신문만 한 것이 없었어. 서재필이 귀국하고 제일 먼저 시작한 일이 바로 신문 사업이었어. 너희들 역사를 공부하면서 '서재필=독립신문'이란 공식을 외워 본 적이 있지? 이제 왜 이런 공식이 나왔는지 논리적으로 설명할 수 있겠지? 서재필은 「독립신문」을 한글로 만들었어. 한글로 써야 한자를 모르는 백성들이 읽을 수 있잖아. 이것만 봐도 서재필이 민중 계몽에 얼마나 공을 들였는지 알 수 있어.

「독립신문」은 나오자마자 불티나게 팔렸어. 한 장을 여러 사람이 돌려 보는 풍경은 예삿일이었지. 게다가 정부의 잘못을 비판하거나 외세의 이권 침탈을 강한 어조로 비판하면서 백성들의 막힌 속을 뻥 뚫어 주기도 했어. 이전 신문에서는 볼 수 없는 파격적인 내용들이었지. 게다가 신문의 마지막 한쪽은 영문으로 만들었어. 그래서 국내에서 활동 중인 외국인들 사이에서도 인기가 좋았다고 해. 백성들은 갑신정

「독립신문」
서재필이 1896년 4월 7일 창간한 최초의 민간 신문

변의 '칼잡이' 서재필은 잊고, 독립신문사 사장 '피제손'만을 기억하는 듯했어. 서재필은 귀국 후에도 미국 국적을 유지했기 때문에 필립 제이슨을 한자로 표기한 '피제손'이라 불렀거든. 칼보다 펜이 강하다는 말은 이럴 때 쓰는 것이겠지.

≫≫≫ 독립 협회의 시작과 광장 민주주의의 싹

서재필은 「독립신문」이 어느 정도 자리를 잡자 독립 협회를 세우려 노력했어. 나라를 개혁하는 데 함께할 인재를 모으기 시작한 거야. 독립 협회의 회원 자격을 얻으려면 보조금을 내면 되었어. 신분이나 재산, 성별에도 차별을 두지 않았어. 위, 아래가 함께하는 개혁을 위한 당연한 조치였지. 보조금은 독립문 건립과 독립 협회 운영에 사용되었어. 독립 협회는 이름처럼 자주 독립의 기초 위에 국권을 지키고 백성들의 권리를 대변하는 단체였어. 이런 면에서 독립 협회는 우리나라 최초의 사회정치 단체로 기록되기도 한단다.

1896년, 고종이 러시아 공사관으로 거처를 옮긴 '아관파천' 사건이 일어났어. 명성황후가 을미사변으로 일본에 의해 죽임을 당하자 고종은 신변에 위협을 느꼈거든. 독립 협회는 한 나라의 임금이 다른 나라 공사관에 의지하는 것은 옳지 않다며 궁으로 돌아올 것을 요구했어. 결국 고종은 1년 만에 경운궁, 그러니까 지금의 덕수궁으로 환궁

했지. 고종은 러시아 공사관에서 신세를 지는 동안 러시아에게 각종 이권을 넘겨주었어.

독립 협회는 강연회와 토론회를 열어 러시아의 이권 침탈을 비판했어. '광장 민주주의'라고 들어 보았니? 광장에 모인 시민들의 목소리가 정치권을 움직이게 한다는 뜻이지. 1898년부터 독립 협회는 '만민 공동회'를 개최해 '대한제국판 광장 민주주의'를 실현했어. 종로 일

구 러시아 공사관 3층 전망탑
을미사변, 즉 명성황후 시해사건 이후 1896년 2월부터 이듬해 2월까지 고종이 피신하였던 곳이다. 이 기간 동안 서재필이 주도하는 독립 협회가 결성되었다.

대에 수천 명의 군중들이 모였고, 자신들의 목소리를 냈어. 만민 공동회에서 탐관오리를 고발하면 그 관리는 오래지 않아 좌천되거나 파면되었어. 이곳에서 러시아의 이권 침탈을 비판하자 러시아는 자신들의 요구를 거두어야 했지. 그때까지 우리 역사 이래 백성이 집회를 열어 목소리를 낸 적은 없었어. 만민 공동회는 그래서 특별해. 백성이 나라의 주인인 민주주의의 싹이 움텄기 때문이야. 독립 협회 활동은 백성들에게 새 나라에 대한 희망을 심어 주었어. '백성이 한데 뭉쳐 목소리를 내니 나라의 정책도 바꿀 수 있구나'라는 자신감이 생기며 백성들의 정치 의식도 성장했단다.

>>> 독립 협회, 해산되다

1897년 환궁한 고종은 대한제국을 선포하고 황제로 즉위했어. 국격으로도 중국과 대등한 황제국이 된 것이지. 백성의 뜻을 반영한 만민 공동회는 여전히 강력한 사회정치 단체였어. 대한제국 정부도 다양한 의견을 받아들이려고 노력했지만 정치 체제에서는 만민 공동회와 큰 차이가 있었어. 고종은 황제의 힘을 더 강화하려 했는데 독립 협회는 황제권을 제한하는 입헌 군주제를 지향했거든.

결국 서재필은 황제를 비판했다는 이유로 추방당했어. 정부는 만민 공동회의 집회도 제한하기 시작했어. 하지만 독립 협회를 완전히 무시할 수는 없었나 봐. 독립 협회가 주장한 의회 설립안을 받아들였 거든. 독립 협회는 백성의 뜻을 국가 정책에 반영시키기 위해 의회 설 립 계획을 구상했어. 백성의 손으로 뽑은 대표가 의회에 들어가 법을 만들도록 힘쓴 것이지. 광장의 목소리가 곧 정부의 목소리가 되도록 제도적 장치를 마련한 거야.

하지만 보수 세력은 독립 협회가 황제를 끌어내리고 공화정을 세 우려 한다고 모함했어. 결국 고종은 독립 협회에 대항하려고 정부가 조직한 단체인 황국 협회와 군대를 동원해 만민 공동회를 중단시키고 말았어. 독립 협회는 해체되었어. 고종은 황제의 절대적인 권력으로 근대화 정책을 이어 나갔어. 하지만 황제 한 명이 이끄는 근대화가 얼 마나 효과가 있었을까. 독립 협회는 근대 국가를 이룰 수 있는 마지막 구원투수였어. 이후로 대한제국은 국권을 하나 둘 잃는 과정을 겪게 된단다.

정부가 발행한 최초의 근대 신문

「한성순보」는 1883년 조선 정부가 발행한 최초의 근대 신문이야. 이 신문에는 외국의 상황과 서양 문물 관련 기사가 가장 많았어. 조선 정부가 세계 정치 흐름에 관심이 많았다는 것을 알 수 있는 대목이지.

「한성순보」

고종은 개항으로 얻은 지식과 정보를 백성들에게 적극적으로 알렸어. 창간호에는 지구가 둥글며 지구는 태양 주위를 돈다는 등의 내용을 담은 서양 천문학 관련 기사를 실었어. '하늘은 둥글고, 땅은 네모다'라는 전통적인 세계관이 깨지는 순간이었지. 더불어 임금이 정치를 잘못하면 하늘에 이상 현상이 생겨 경고한다는 믿음도 깨지게 되었어.

「한성순보」는 창간 이듬해에 갑신정변이 일어나면서 인쇄기가 불타는 수모를 겪었어. 그래서 발행이 한동안 중단되었다가 「한성주보」로 다시 창간되었지. '순보'는 열흘마다, '주보'는 일주일마다 발행하는 차이가 있지만 「한성주보」는 「한성순보」를 계승한 신문이란다.

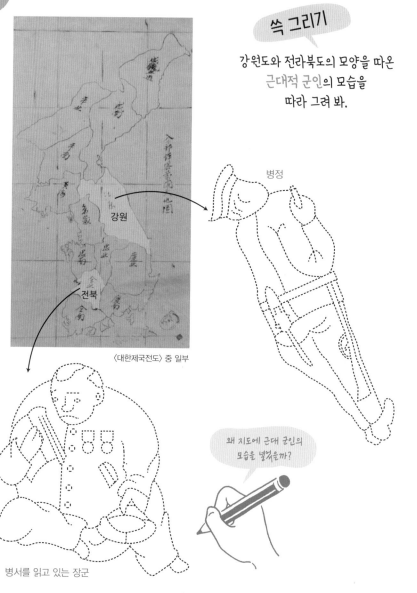

28

쓱 그리기

강원도와 전라북도의 모양을 따온
근대적 군인의 모습을
따라 그려 봐.

병정

강원

전북

〈대한제국전도〉 중 일부

왜 지도에 근대 군인의
모습을 넣었을까?

병서를 읽고 있는 장군

고종의
근대화 정책

〈대한제국전도〉는 세 점의 그림을 한 장의 큰 종이에 붙여 만들었어. 옆에 보이는 지도는 그중 하나야. 그림 중에는 대한제국을 호랑이와 용으로 표현한 것도 있고, 전국 13도를 사람과 동물의 형상으로 비유하여 그린 그림도 있지. 바로 그 그림에서 너희가 그려 본 전라남도와 강원도는 근대적인 군인으로 표현되었어. 대한제국을 표현한 지도에 근대적 군인이 있다니 뭔가 중요해 보이지?

대한제국을 세운 고종은 육군과 해군 통수권을 가진 대원수가 되었어. 1903년에 고종은 부국강병책으로 징병 제도를 실시하라는 명령을 내렸어. 그해 국가 예산 중 40% 이상이 국방비였다는 사실은 대한제국이 근대적인 군대 양성에 얼마나 힘썼는지를 잘 보여 주고 있지. 이러한 조치는 한반도를 식민지화하려는 일본을 초조하게 만들었어. 그래서 일본이 러일 전쟁을 서둘러 일으켰다는 주장도 있단다. 군사적인 것 말고도 고종이 대한제국의 근대화를 위해 도입한 과학·기술 문명에는 어떤 것이 있었을까?

>>>> 전구, 한성을 밝히다

1887년 경복궁에 에디슨사의 전구가 불을 밝혔어. 고종은 물론이고 신하들과 궁녀들까지 신기한 듯 전등을 바라보았어. 전등 도입은 미국에 간 '보빙사'라는 사절단의 제안으로 진행되었어. 조선 정부는 1882년 미국과 조미수호통상조약을 맺고, 이듬해에 사절단을 미국에 파견했어. 이때 간 사절단을 보빙사라고 불러. 미국에 간 보빙사는 전기를 이용하면 전등을 비롯한 온갖 기계를 움직일 수 있다는 것을 알게 되었어. 호텔 승강기에 멋모르고 올라탄 사절단은 까무러치게 놀랐어. '한 칸짜리 방이 위아래로 오르락내리락 한다!' 방인 줄 알고 들어갔는데, 방이 막 움직였던 거야. 전기의 편리함을 알게 된 사절단은 조선에도 전기를 도입하기로 결정했어.

전기를 생산하려면 발전소가 필요해. 미국에서 수입한 발전기는 경복궁 안에 있는 정자인 향원정 뒤에 설치됐어. 발전기의 열은 정원의 물을 써서 식혔어. 그런데 이 과정에서 문제가 생겼어. 연못의 물 온도가 올라 물고기들이 떼죽음을 당한 거야. 게다가 발전기의 연료는 비싼 석탄과 석유였어. 발전기를 운영하고 수리하는 기술자도 미국인이었지. 그만큼 전등을 켜는 데는 많은 돈이 들어갔어. 게다가 덜덜거리는 발전기의 소음도 장난이 아니었지. 그래서 돈은 돈대로 먹고, 소음까지 내는 전등은 '건달불'이라고 불리기도 했대.

>>>> 전차, 한성의 풍경을 바꾸다

전기를 도입한 후 고종은 한성 전기 회사까지 세웠어. 그리고 전차를 도입하고 1899년 운행을 시작했지. 서울에 세워진 한성 전기 회사는 전차를 운행할 전력도 공급했어. 당시 서민층과 부녀자가 많이 읽던 「제국신문」에는 이런 기사가 실렸어.

"전차의 모양인즉 수레 위에 방 두 칸은 되게 좌우에 유리창 집을 지었으되 … 그 집 위로 작대기 같은 쇠 한 개를 전기선 줄에 닿게 세웠는데 … 전기 기운이 그 작대기를 미는 힘으로 수레가 절로 운동하더라."

전차 운행 노선은 서대문에서 홍릉까지였어. 종점인 홍릉은 명성황후의 능이었어. 고종은 백성들이 전차를 이용하면서 명성황후를 잊지 않기를 바란 것이지.

전차는 들어오자마자 한성의 명물이 되었어. 전차를 보러 일까지 쉬고 온 시골 사람, 종점과 종점을 수차례 오가는 사람들로 한성은 북적거렸지. 사람들은 전차 타는 것을 자랑으로 여겼어. 전차를 싫어한 사람들도 있었어. 인력거꾼은 전차 운행으로 수입이 줄어들어 불평이 많았어. 전차에 어린아이가 치여 죽는 사건도 일어나 잠시 전차 운행을 멈추기도 했지.

청일 전쟁 이후 일본 상인들은 서울의 상권을 위협했어. 사람이 구름처럼 몰려 '운종가'라 불렸던 종로도 한산해졌지. 고종은 종로의 상업을 되살리기 위해 용산에서 종로까지 이어지는 전차 노선을 추가했어. 전차 노선에 종로가 있으니 사람들이 몰려들 뿐만 아니라 배가 한강에 내린 짐을 종로로 나르기도 편해졌지.

전차는 신분 차별을 약하게 만들기도 했어. 전차는 돈만 내면 누구나 탈 수 있었거든. 전차 안에는 양반과 상민이 격을 두지 않고 뒤섞여 앉았지. 전차는 양반이라고 해서 기다려 주지도 않았어. 운행 시간에 맞춰 정거장에 왔다가 바로 떠났지. 전차는 성차별 의식도 약화시켰어. 여인들이 전차를 이용하는 경우가 적지 않았어. 성별에 상관없이 사람들이 한 공간, 한 자리에 마주해 앉게 되면서 '남녀칠세부동석'이라는 유교 윤리도 점점 무너지기 시작했단다.

≫≫≫ 전신, 전국에 깔리다

전신은 전기 신호를 짧거나 길게 보내는 방식으로 소식을 전하는 수단이야. 고종은 기존의 통신 제도를 대신할 전신에 관심이 많았어.

이전에 있던 조선의 통신 수단에는 불을 피워 연기로 소식을 알리는 봉화와 말을 사용하여 중앙 정부의 문서를 전달하는 파발이 있었어. 하지만 전신의 속도와는 비교가 되지 않았어.

우리나라의 최초의 전신은 1883년 일본이 깐, 부산과 나가사키를 잇는 해저 노선이었어. 바다 밑으로 전신선을 설치한 것이지. 1885년 청나라는 조선에 전선을 깔았어. 한성-평양-의주, 한성-인천을 잇는 '서로 노선'이었지. 갑신정변 이후 청나라가 조선을 감시하기 위해 가설한 것이었어. 한편 일본은 청나라가 깐 전선이 자신들이 깐 전선의 이익을 침해한다며 조정에 한성과 부산을 잇는 전신선을 만들 것을 요구했어. 일본은 청나라가 조선의 상황을 먼저 파악하는 것이 불리하다고 판단한 거지.

하지만 고종은 전선을 독자적으로 가설하고 운영도 자체적으로 하려고 했어. 그 결실이 충청도, 전라도, 경상도를 아우르는 '남로 노선'이었어. 이어서 고종은 함경도의 국경 도시 경흥까지 이어지는 '북로 전선'을 만들려고 했어. 하지만 청과 일본 두 나라 모두의 반대에 부딪혔어. 두 나라 모두 러시아가 조선에 영향력을 행사할까 봐 노심초사했거든. 결국 원산까지만 북로 전선이 가설되었지. 고종은 남로 전선과 북로 전선을 통해 지방 관리에게 지시를 내리거나 개항장에 드나드는 외국 배들의 소식을 전해 들었단다.

>>>> 빛과 그림자

고종의 근대화 정책은 이렇듯 찬란하게 빛나기도 했지만 그림자도 있었어. 황제 중심의 개혁에는 한계가 있었거든. 이 개혁은 궁내부가 중심 역할을 했어. 사실 궁내부는 갑오개혁 당시에 왕권을 제한하기 위해 만든 관청이야. 말 그대로 궁궐 내 사무만 보는 기구였지. 궁내부 설치는 한마디로 고종은 정치에서 손을 떼라는 의미였어. 하지만 1896년, 고종이 일본군의 감시를 피해 러시아 공사관으로 거처를 옮긴 아관파천 이후 궁내부의 위상이 완전히 달라졌어. 궁내부가 대한제국의 핵심 기구가 되면서 황제권을 강화하는 기구로 바뀌었거든. 궁내부는 황제의 측근들로 채워졌어. 고종은 의정부 대신과 고위 관료들이 일본 편이라고 의심했어. 그래서 나랏일을 궁내부 중심으로 진행했던 거야. 위로부터의 개혁인 셈인데, 그 위가 황제 1인 중심이었으니 개혁이 성공하기는 거의 불가능했을 거야.

양무호

근대 국가라 하면 갖춰야 할 것 중 하나가 해군력이야. 비행기가 없던 시절이니까 군함을 얼마나 보유했느냐가 국력의 척도였지. 근대 국가를 바랐던 황제 고종도 군함에 관심이 많았어. 대한제국을 침략할 기회만 엿보던 일본은 계속 훼방을 놓았지. 대한제국의 군사력이 강해지면 곤란했으니까 말이야. 그러던 중 일본의 미쓰이 물산 회사가 석탄 화물선으로 이용하던 배를 군함으로 개조해 대한제국에 팔았어. 이 배가 바로 양무호야. 어차피 중고였고 함포들도 구닥다리였기 때문에 일본 입장에서 문제될 것이 없었어.

하지만 대한제국은 양무호를 사느라 적자로 허덕이기 시작했어. 양무호는 석탄을 어마어마하게 먹는 고철 덩어리에 불과했지. 게다가 선장은 있었지만 나라에 근대적인 해군이 없었어. 대한제국을 근대 국가로 거듭나게 하려는 고종의 노력은 인정해야 해. 하지만 하드웨어만 바꿔서는 근대 국가가 될 리 없어. 그에 발맞춰 소프트웨어적인 부분도 바뀌어야 해. 제도와 시스템, 인적 자원이 바뀌어야만 한단다. 고종의 개혁은 겉으로는 변화가 감지되었지만 속을 들여다보면 아직 역량이 부족했다고 볼 수밖에 없단다.

29

쓱 그리기 점선을 따라 을사늑약 당시의 인물들을
그리며 어떤 상황인지 살펴봐.

〈한일 협약도〉

"일본이 한황을 위협하야 도약을 록뎡"
이 문장도 따라 써 봐. 화가 나도 꾹 참고!

국권 침탈

을사늑약을 맺을 당시 인물들의 모습을 그려 보았니? 을사늑약은 1905년 일본이 대한제국의 외교권을 박탈하기 위해 강제로 체결한 조약을 말해. 그림 왼쪽에 있는 일본군이 칼끝을 고종 황제에게 겨누고 있지. 하지만 고종 황제는 끝까지 조약문에 서명하지 않았어. 그래서 '을사오적'이라 불리는 인물 중 하나인 외부대신 박제순이 조약문에 서명을 하고 있어. 고종 황제는 분한 마음이 북받친 모습이야. 삽화 오른쪽의 일본인들은 간사한 눈빛으로 조약의 과정을 지켜보고 있지.

이 삽화를 실은 「신한민보」는 미국의 한인단체가 발행한 신문이야. 을사늑약이 일제의 강압에 의해 체결되었음을 적나라하게 묘사했지. 사실 조약이란 문서로 작성한 두 국가 사이의 합의를 뜻해. 하지만 그림에서도 알 수 있듯 을사늑약은 '합의'란 말이 무색할 정도야. 그래서 억지로 맺은 조약이라는 뜻의 '늑약'이란 표현을 쓴 거야. 을사늑약이 체결되기까지의 과정을 알려면 우선 러일 전쟁부터 알아봐야 해.

>>>> 코리아 패싱

혹시 '코리아 패싱(Korea Passing)'이란 말을 들어 본 적 있니? 국제
사회가 한반도 문제를 다룰 때 정작 한국의 의견은 건너뛴다고 해서
이런 말을 쓰는 사람들도 있단다. 코리아 패싱은 오래전에도 있었어.
1904년 러시아와 일본 간의 전쟁이 임박해 오자 고종 황제는 중립을
선언했어. 하지만 두 나라 모두 고종 황제의 중립 선언을 무시했어. 아
니, 우리와 조약을 맺은 어떤 나라도 중립 선언에 대한 답변이 없었어.
약소국의 의견은 쉽게 묵살하는 국제사회의 싸늘함이 느껴지지. 결국
한반도는 러일 전쟁의 무대가 되고 말았어. 내 집에서 옆집 사람들끼
리 싸우는 어처구니없는 상황이 벌어진 거야. 일본은 한반도 장악을
하는 데 마지막 걸림돌이 되는 러시아와의 전쟁에 온 힘을 기울였어.

>>>> 전쟁 중에 빼앗긴 국권

1904년, 일본군이 인천 앞바다의 러시아 함대를 기습 공격하면서
러일 전쟁이 터졌어. 일본은 곧바로 궁궐을 장악하고 '한일의정서'를
강요했어. 한일의정서에는 일본이 전쟁을 위해 우리 국토를 마음대로

사용할 수 있도록 한다는 내용이 담겨 있어.

　세계의 언론들은 러시아가 승리할 것이라 예측했어. 하지만 전쟁은 계속 일본에 유리하게 돌아갔어. 일본은 우리에게 제1차 한일 협약을 강요했어. 이 조약의 핵심은 '고문 정치'야. 고문(顧問)이란 어떤 분야에 대해 의견을 제시하고 조언을 하는 직책을 말해. 그러니까 일본인 고문을 행정 각 분야에 직접 종사하게 하여서 일본이 실무에 관여한 것이지. 그것도 고문 혼자만 있는 것이 아니라 보좌관 등 밑에 있는 관리들까지 일본인으로 임명해 집단으로 우리 정치에 간섭했어. 일본은 재정 고문으로 일본인 메가타, 외교 고문으로는 미국인 스티븐슨을 파견해 대한제국의 재정과 외교를 장악했어. 재정과 외교 분야의 정책은 이 두 사람을 반드시 거쳐야만 했어.

　러시아는 손쉬운 상대인 줄 알았던 일본에 계속 밀리고 있었어. 자존심에 금이 간 러시아는 세계 최강이라는 발트 함대를 파견했어. 하지만 쓰시마 해전에서 3척만 남기고 크게 패하고 말았지. 이후 일본은 한반도 지배를 인정받기 위해 외교에 힘썼어. 일본은 청일 전쟁에서 승리하고 얻은 요동 반도를 러시아 때문에 뺏기며 깨달은 것이 하나 있었어. 일본의 세력 확장을 염려한 러시아가 독일과 프랑스를 끌여들여 요동 반도를 청에 반환하라는 국제적인 목소리를 만들어 냈거든. 그래서 일본은 국제사회엔 힘이 센 친구가 있어야 한다는 것을 알게 되었지. 마찬가지로 한반도 지역을 지배하려면 강대국의 동의가 반드시 필요했어.

일본은 먼저 미국과 가쓰라-태프트 밀약을 맺었어. 미국은 일본의 한반도 지배를 인정하고, 일본은 미국의 필리핀 지배를 인정한다는 내용이었지. 이어서 영국과 제2차 영일 동맹을 맺어. 영국은 일본의 한반도 지배를 인정하고, 일본은 영국의 인도 지배를 인정한다는 내용이었지. 러일 전쟁이 끝나고 미국의 포츠머스에서 회담이 열렸어. 이 자리에서 러시아는 한반도에서 일본의 우월권을 인정했어. 더 이상 한반도 문제에 대해 왈가불가하지 않겠다고 약속했다는 뜻이야. 한반도의 운명은 이제 온전히 일본의 손아귀에 있게 되었지.

>>> **을사늑약**

'을씨년스럽다'는 말은 '을사년스럽다'에서 유래되었대. 여기서 을사년은 1905년이야. 제2차 한일 협약, 즉 을사늑약이 맺어진 해이지. 당시 분위기가 얼마나 음산하고 으스스했으면 이런 말이 만들어졌을까. 을사늑약으로 우리는 외교권을 잃었어. 외교권은 한 나라의 정체성이나 마찬가지야. 외교권이 없다는 것은 국기를 달 수 없다는 것과 같아. 한마디로 '유령 국가'가 되는 것이지. 일본은 러일 전쟁 이전부터 대한제국을 '보호국화'하려는 계획을 세웠어. 일본이 대한제국의 외교권을 쥐고 주권을 대신 행사하려 했다는 말이야.

일제는 대한제국의 외교권을 빼앗고 통감부라는 통치 기구를 만들었어. 초대 통감으로 부임한 이토 히로부미가 대한제국의 외교권을 행사했지. 외교 분야가 아니더라도 통감부는 대한제국의 일을 간섭하고 감독했어. 고종 황제, 일본 통감, 이 2개의 권력이 대한제국을 움직인 것이지.

고종 황제 어새
고종 황제가 여러 나라에 대한제국을 도와줄 것을 요청하는 친서를 보낼 때 사용했다.
국권 침탈 과정에서 고종 황제가 주권을 수호하려 했던 노력을 증명하는 유물이다.

>>> 이름만 남은 대한제국

고종은 을사늑약 문서에 도장을 찍지 않았어. 대신 외교 업무에서 가장 높은 벼슬인 외부대신 박제순의 도장만 찍혀 있지. 임금의 승인이 없으니 을사늑약은 무효나 마찬가지야. 고종은 을사늑약의 부당함을 세계에 호소했어. 미국에 친서를 전달했지만 별다른 효과가 없었어. 미국은 이미 가쓰라-태프트 밀약으로 일본과 어깨동무를 한 상태였으니 어쩌면 당연한 일이었을지도 몰라.

고종의 마지막 카드는 네덜란드 헤이그에서 열리는 만국평화회의에 특사를 보내는 거였지. 하지만 외교권도 없는 '유령 국가'의 특사를 회의장에서 받아 줄 리 없었어. 이토 히로부미는 헤이그 특사 파견을 일본을 거스르는 행위로 보았어. 일본은 이 기회에 고종을 끌어내리려 했어. 고종은 제위를 황태자에게 물려주라는 강요에 끝까지 저항했어. 이완용을 비롯한 친일 대신들이 밤새 고종을 협박했지. 결국 고종은 순종에게 자리를 물려줄 수밖에 없었어. 순종은 허수아비였으니 사실상 이토 히로부미가 대한제국의 최고 통치자가 된 거야. 일본은 이참에 대한제국의 군대까지 해산시켰어. 고종이 친일 대신들을 죽이려 시위대 병사들을 궁으로 불러들인 일을 빌미로 삼았지.

1907년 이완용과 이토 히로부미 사이에 한일 신협약, 즉 '정미7조약'이 체결되었어. 이 조약은 고종의 강제 퇴위와 군대 해산이 주요 내용이야. 이렇게 대한제국 정부는 유명무실해졌어. 사실상 통감 이토 히로부미가 최고 통치자가 되었지.

제국주의를 내세워 우리 민족의 존엄을 파괴한 일본은 왜 아직까지도 제대로 된 사죄를 하지 않을까? 일본의 반성이 없는 한 우리에게 일제 강점기는 '영원한 현대사'일 수밖에 없단다.

항일 의병 운동

국가의 명령을 기다리지 않고 스스로 일어나 일제에 맞서 싸운 사람들이 있어. 이들을 '항일 의병'이라고 부르지. 이 시기에 어떤 항일 운동들이 있었는지 살펴보자.

조선 말기에 일어난 최초의 대규모 항일 의병은 '을미의병'이야. 1895년 을미사변과 단발령에 저항해 을미의병이 일어났어. 한 나라의 왕비가 일본에 의해 무참히 죽은 일에 이어 이제는 머리카락까지 자르는 불효를 저지르라니 정말 참을 수 없는 일이었어.

그리고 10년 뒤 1905년, 을사늑약이 맺어지자 '을사의병'이 일어났어. 나라가 망했으니 양반, 천민 할 거 없이 모두 의병을 일으킨 것이지.

1907년, 고종이 강제로 퇴위를 당하고 군대까지 해산당하자 '정미의병'이 일어났어. 여기에 해산당한 정규군이 의병에 가담하면서 어느 때보다 전투력과 조직력이 강해졌어. 이 힘을 하나로 모으기 위해 13도 연합 부대가 만들어졌어. 이들은 서울에 있는 통감부와 일본군을 몰아낼 계획을 세웠어.

하지만 선발대가 일본군의 기습 공격을 당하고, 총대장 이인영이 부친상을 치르기 위해 고향으로 돌아가자 군사들은 사기를 잃고 뿔뿔이 흩어졌어. 그래도 전라도의 호남 의병이 일본군을 상대로 끈질기게 게릴라전을 벌였어. 일제는 조금이라도 의심이 가는 자는 죽였고, 의병과 관계된 마을은 모두 초토화했어. 살아남은 의병들은 만주, 연해주로 이주해 독립 전쟁을 준비한단다.

30

쓱 그리기

'어린이'라고 쓰인 글자에 색을 칠해서
잡지 표지를 완성해 봐!

우리나라에서
어린이를 위한 잡지는
누가 처음 만들었을까?

誌雜女少年少

이린이

號別特年新

잡지 「어린이」 신년 특별호(1929년)

어린이들의 천사, 방정환

너희가 방금 색칠한 것은 「어린이」라는 잡지의 표지야. 1923년에 창간된 이 잡지는 1930년에 무려 10만 부가 넘게 팔렸대. 인기가 정말 대단했네. 그런데 '어린이'란 말은 언제부터 사용했을까? 어린이란 호칭이 만들어지기 전에는 '애자식' '자식 놈' 등으로 낮춰 불렀다고 해. 당시에는 어린이를 소유물로 여기는 등 아이들에 대한 인권 의식이 부족했거든. 이를 안타깝게 여긴 방정환이 '어린이'란 호칭을 만들어 어린아이들의 권익을 크게 신장시켰어. '어린이'라는 말에는 어린아이도 '젊은이' '늙은이'와 동등한 존재라는 의미를 담고 있거든. 방정환은 누구고, 어떻게 어린이 운동을 하게 된 걸까?

>>> 방정환, 천도교도가 되다

방정환은 독실한 천도교도인 아버지의 권유로 천도교 교당에 나갔어. 천도교는 동학의 정신을 이어받은 종교야. 방정환은 천도교 청년회 활동을 하면서 손병희의 셋째 딸인 손병화와 결혼까지 하게 되었어. 손병희는 동학 북접군의 지도자로 우리가 앞서서 배운 녹두 장군 전봉준과 함께 공주 우금치 전투를 치른 인물이야. 손병희는 동학의 3대 교주가 되면서 동학을 천도교로 개칭하고, 현재 고려대학교와 동덕여자대학교인 보성전문학교와 동덕여학교를 경영했지. 무엇보다 3·1운동을 일으킨 민족 대표 33인 중 천도교 대표로 늘 앞장서셨단다. 방정환이 장인의 영향을 받지 않을 수 없었겠지. 동학은 아동 학대를 금지하고 아이들을 보호해야 한다고 가르쳤어. 하지만 지침만 있을 뿐 조직적인 운동은 하지 못하고 있었어.

>>> 일본에서 유학하다

방정환은 3·1운동 때 「조선독립신문」을 인쇄하다 일본 경찰에게 잡혀 갔어. 이 신문은 보성전문학교 내 신문으로, 신문으로는 최초로 3·1운동을 호외판으로 보도했어. 정기적으로 만들어내던 신문이 아니라 매우 중요한 일이 있어서 긴급하게 인쇄해 배포했다는 거야. 방정환은 고문을 받다가 일주일 만에 증거 불충분으로 풀려났어. 경찰이

들이닥치기 직전에 신문을 만들던 기계를 비롯해 관련된 것들을 모두 우물에 던져 버렸거든. 하지만 그 뒤로 일본 경찰의 감시와 간섭이 심해졌어.

1920년, 방정환은 일본 경찰의 등쌀을 피해 일본으로 건너갔어. 그곳에서 천도교 기관지인 「개벽」의 특파원과 천도교 청년회 담당자로 일했어. 또, 대학에서 아동 문학을 공부했어. 어린이를 가르쳐 인재를 기르려고 했던 거야. 방정환은 「개벽」에 '어린이 노래-불 켜는 아이'라는 동시를 발표했고, 이때부터 '어린이'라는 용어 보급에 나서기 시작했어.

>>> **소년 운동을 시작하다**

귀국 후 방정환은 1921년 5월 1일 천도교 소년회를 조직하여 본격적으로 소년 운동을 시작했어. "씩씩하고 참된 소년이 됩시다. 그리고 늘 사랑하며 도와 갑시다"란 표어를 걸고, 어린이에게 존댓말 쓰기 운동도 전개했어. 상하귀천과 장유유서의 논리가 여전히 강력하게 작동하는 사회 분위기 속에서 어린이에게 존댓말을 쓰기란 분명 낯선 일이었을 거야.

방정환은 「신데렐라」「아라비안나이트」 등을 번역하여 엮은 세계 명작 동화집 『사랑의 선물』을 출판했어. 이 책은 날개 돋친 듯 팔리며 큰 인기를 누렸지. 이 책의 머리말에는 방정환의 마음이 잘 느껴지는 대목이 있어. "학대 받고, 짓밟히고, 차고, 어두운 속에서 우리처럼 또 자라는 불쌍한 어린 영들을 위하여 그윽히 동정하고 아끼는 사랑의 첫 선물로 나는 이 책을 쬈습니다." 오랜 세월 주목받지 못했던 조선의 어린이들에게는 이 책의 등장 자체가 선물이었던 셈이야. 그야말로 주는 사람이나 받는 사람이 모두 행복한 선물이었지.

1923년에는 아이들을 위한 「어린이」를 만들었어. 방정환은 어린이에게 새로운 소식을 전하고, 그들이 문학 작품을 접하게 하는 데 잡지만 한 것이 없다고 생각했거든. 이 잡지에는 동화나 동요, 아동극뿐만 아니라 조선의 역사와 지리, 위인을 소개하는 글도 실었어. 방정환은 작가들에게 원고 부탁을 했지만 항상 원고가 부족했어. 잡지에 자주 등장하는 '북극성' '목성' '금파리' '은파리' 등의 작가 이름은 모두 방정환의 필명이야. 원고가 넉넉하지 않아 직접 쓰다 보니 여러 사람들이 쓴 것처럼 보이게 하려고 다양한 필명을 지은 것이지.

방정환은 자신과 함께 소년 운동에 뛰어들 사람들이 필요했어. 방정환은 뜻있는 일본 유학생들을 모아 '색동회'를 조직했어. 색동회란 이름은 어린이들이 입는 색동저고리에서 따왔어. 회원 중에는 동화 작가 마해송, 동요 작곡가 윤극영 등이 있었지. 윤극영은 "날아라, 새들아~ 푸른 하늘을~"로 시작해서 "오늘은 어린이날 우리들 세상~"으로 끝나는 어린이날 노래를 작곡한 분이야.

≫≫≫ 어린이날은 원래 5월 1일이었다

색동회는 5월 1일을 '어린이날'로 제정했어. 1923년 5월 1일, 제1회 '어린이날' 행사가 성대하게 치러졌지. 이날 「어른에게 드리는 글」 「어린 동무에게 주는 말」 「어린이날의 약속」이란 제목의 전단 12만 장을 배포했어. 「어린이날의 약속」에는 '어린이를 내려다보지 마시고 쳐다보십시오' '어린이에게 존댓말을 쓰되, 늘 부드럽게 이야기해 주십시오' '어린이를 가까이하며 자주 이야기해 주십시오' 등의 호소 내용이 실렸어. 또 다른 전단 내용으로는 '어린이는 어른보다 한 시대 더 새로운 사람입니다. 어린이의 뜻을 가볍게 보지 마십시오' '희망을 위하여, 내일을 위하여, 다 같이 어린이를 잘 키웁시다' 등이 있었어. 조국의 미래를 내다본 방정환의 지혜가 돋보이는 대목이야. 이 전단을 받았던 어린이들이라면 광복의 그날 즈음엔 청년이 되어 있을 테니까 말이야.

방정환은 동화 구연을 통해 문맹인 어린이들에게도 이야기를 들려주었어. 이야기를 끝까지 들으려고 고무신에 오줌을 받는 어린이도 있었고, 감시하던 순사가 이야기에 감동해서 울기도 했대. 잡지 발간, 동화 구연 대회 개최, 강연회, 라디오 방송 등으로 소년 운동의 불씨가 전국으로 퍼져 나갔어.

>>> 작은 물결, 큰 물결을 일으키다

1928년, 일제는 방정환을 위험인물로 낙인찍어 모든 활동을 금지했어. 일본 경찰의 눈에는 방정환이 아동 문학가의 탈을 쓴 독립운동가였던 거야. 강연회마다 아동 문제를 다루고, 동화 구연을 한다는 핑계로 아이들에게 은근히 독립 사상을 부채질한다고 판단했지.

3년 뒤, 1931년 방정환은 33세의 나이로 "어린이를 두고 가니 잘 부탁하오"라는 유언을 남기고 세상을 떠났어. 이후 만주 사변이 일어났고, 일제는 더욱 노골적으로 우리 땅을 전쟁의 발판으로 삼았어. 어린이들은 어른들의 철저한 감시 속에서 황국 신민, 즉 일본 사람이 되어야 하는 운명에 맞닥뜨렸어. 동요는 일본 국가인 기미가요 제창으로, 동화는 황국식민서사 암송으로 대체되고 말았단다.

방정환의 묘비에는 "어린이의 마음은 천사와 같다"라는 글귀가 새겨져 있어. 우리 아이들에게 노래가 없다며 눈시울을 적셨던 방정환. 그는 신이 내린 어린이들의 천사였어. 그의 호는 소파(小派)야. 작은 물결이라는 뜻이지. 호는 '작은 물결'이었지만 당대를 살았던 어린이들에게는 방정환은 '거대한 물결'로 다가갔을 거야.

일제 검열로 중단된 「은파리」

방정환의 진면목을 잘 보여 주는 작품 중에 「은파리」 시리즈가 있어. 주인공인 은파리는 몸집이 작아 들킬 염려가 없고, 날아서 어디든 갈 수 있는, 고운 은빛 옷을 입은 파리야. 은파리는 주로 권세가와 위선자들을 공격 대상으로 삼았어. 방정환은 은파리를 내세워 정치와 사회를 비판하고 풍자했어. 일제의 검열로 「은파리」를 싣지 못할 때마다 독자들의 성화가 대단했다고 해. 1927년 여름부터 「은파리」 시리즈는 더 이상 볼 수 없게 되었어. 조선총독부에서 「은파리」를 싣지 못하게 했거든. 방정환은 편집 후기에서 그러한 이유를 밝히고 있지.

"천하의 주목거리 「은파리」는 당분간 못 싣게 됩니다. 거기서 그리 하라는 것이니 자의가 아닌 것만 알아주십시오."

'거기서'는 물론 조선총독부를 가리키는 말이겠지. '당분간' 못 싣게 되었던 「은파리」 시리즈는 야속하게도 영원히 싣지 못하게 되었단다.

31

쓱 그리기

독립운동 때 쓰였던 도시락과 수통 폭탄이야.
점선을 따라 그리며 윤봉길의 심정을 상상해 봐.

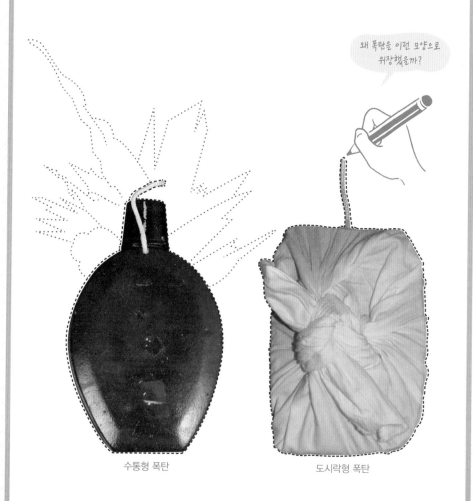

왜 폭탄은 이런 모양으로 위장했을까?

수통형 폭탄

도시락형 폭탄

윤봉길의 의거

1932년 4월 29일, 윤봉길이 중국 상하이 훙커우 공원에 도착했어. 양복 차림의 윤봉길은 도시락과 수통 폭탄을 어깨에 메고 있었지. 공원에는 1만 2,000여 명의 일본군이 삼엄한 경계를 서고 있었어. 곧 일왕의 생일을 축하하고 상하이 사변에서 이긴 것을 기념하는 행사가 열릴 참이었지. 열병식이 끝나자 비가 부슬부슬 내리기 시작했어. 윤봉길은 단상 뒤편에 자리를 잡고 기회를 노리고 있었어. 단상 위에는 일제의 중요한 인물들이 있었어. 참석자들이 일본 국가인 기미가요를 합창하자 윤봉길은 도시락 폭탄을 바닥에 내려놓고는 수통 폭탄을 단상 위로 던졌어. 폭탄이 단상 한가운데에 명중하면서 주요 인물들이 하나둘씩 쓰러졌어. 윤봉길은 곧바로 도시락 폭탄으로 자결을 시도했으나 일본군에게 제압당한 후 체포되었단다. 독립운동가 윤봉길은 과연 어떤 사람이었을까?

>>> 농민을 깨우쳐라

윤봉길은 서당에서 공부하던 시절 어이없는 일을 겪어. 한 청년이 자기 아버지의 무덤을 찾아 달라며 묘비 여러 개를 통째로 뽑아서 갖고 온 거야. 그런데 묘비를 뽑았으니 이제 무덤의 위치를 찾을 수가 없잖아. 이 일로 윤봉길은 크게 충격을 받고 농민들을 가르치는 농촌 계몽 운동에 뛰어들어. 청년이 무지함으로 부친의 무덤을 잃은 것처럼 우리 민족도 무지함으로 나라까지 잃게 되었다고 느낀 것이지.

윤봉길은 직접 『농민독본』이라는 책을 써서 농민들을 가르쳤어. 제2권 계몽 편에 보면 이런 말이 있어. "건강한 신체에 좋은 정신이 깃든다. 세계를 움직이려거든 내 몸을 먼저 움직이라. 진실은 모든 위대함의 기초니라." 하나같이 마음을 움직이는 말들이야. 이 책에는 애국심을 키우는 내용도 있어. 백두산을 의인화하는데, 백두산에서 처음 물줄기가 생긴 압록강을 눈물로 빗대는 글로 조선의 슬픈 현실을 표현하기도 했어. 또 조선 지도를 실어서 중앙과 지방 행정 구역을 설명하기도 해. 자신이 사는 곳이 어디인지 찾아보자는 문구도 있단다. 이런 방식으로 자연스레 나라 사랑하는 마음을 키워 줬단다.

책만 만든 것이 아니야. 윤봉길은 학예회를 열어 우화 「토끼와 여우」를 연극으로 선보이기도 했는데, 일제를 거칠고 사나운 억압자로 풍자했어. 윤봉길은 이 일로 일본 경찰에게 잡혀가 심한 모욕을 받고 지속적인 감시를 받게 되었단다.

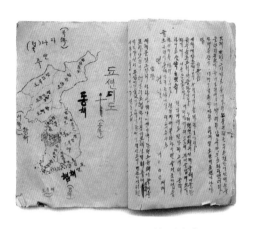

『농민독본』 제2권 계몽 편 '됴션디도'
조선 13도를 소개하는 글의 끝에는
'우리가 사는 데는 어디인가 찾아봅시다'라고 적혀 있다.

>>>> '장부출가생불환'

윤봉길은 일제 아래에서 농촌 운동의 한계를 절실히 느꼈어. 농민을 깨우치는 것보다 독립과 해방이 우선되어야 한다는 판단을 내린 것이지. 1930년, 그는 '장부출가생불환(丈夫出家生不還)'이라는 글을 남기고 망명길에 올랐어. '사나이 뜻을 세워 집을 나가면 공을 이루지 않고서는 살아서 돌아오지 않으리'라는 뜻이야.

윤봉길은 압록강을 건너 만주를 거쳐 중국 상하이에 도착해. 그곳에서 대한민국 임시정부를 이끌던 김구 선생을 만났어. 윤봉길은 김구에게 나라를 위해 목숨을 바치겠다는 큰 뜻을 밝혔어.

1년 뒤, 일제가 만주를 침략하는 '만주 사변'이 일어났어. 중국 사람들의 반일 감정은 최고조에 달했어. 일제는 상하이에 일본 영사관과 일본인들을 보호한다며 자신들의 군대를 보냈어. 결국 중국군과 일본군 사이에 전쟁이 벌어졌지. 이 사건을 '상하이 사변'이라고 불러. 윤봉길은 어머니에게 보낸 편지에 당시 상황을 "비행기 소리는 우루룽, 대포 소리는 꽝꽝, 기관총 소리는 호도독 호도독 콩 볶았습니다"라고 묘사했다고 해. 상하이 사변은 일본의 승리로 끝났어. 일본군이 상하이를 점령하고 중국군을 무장 해제시켰지. 일본은 일왕 생일과 전쟁의 승리를 축하하는 행사를 상하이 홍커우 공원에서 열기로 했어. 윤봉길에게 드디어 하늘이 준 기회가 찾아왔어.

>>>> 침략자를 응징하다

윤봉길은 한인애국단 단원 자격으로 선서를 했어. 한인애국단은 대한민국 임시정부를 이끈 김구가 일본의 중요 인물을 암살할 목적으로 조직한 독립운동 단체야. 선언문에는 조국의 독립과 자유를 회복하기 위해 중국을 침략한 일제 장교를 처단하겠다는 내용이 적혀 있었어. 윤봉길은 직접 홍커우 공원을 답사하며 큰일을 치를 준비를 마쳤어. 상하이 사변의 총사령관 시라가와 대장과 해군 함대사령관 노무라가 서 있을 자리까지 파악해 놓았지.

거사 당일 윤봉길은 김구 선생과
아침 식사를 마치고 수통과 도시락으
로 위장한 폭탄을 받아 들었어. 그러
고는 자신이 차고 있던 새 시계를 김
구 선생의 것과 바꿔 가져갔어. 자신
에게는 남은 시간이 얼마 되지 않는다
면서 말이지.

선서문을 목에 건 윤봉길

홍커우 공원 안은 상하이에 사는
일본인과 일본군으로 북적였어. 일본
인으로 위장한 윤봉길은 정문을 무사히 통과했단다. 그러고는 미리 보

상하이 의거 당시 사진

아 둔 곳에 이르러 폭탄을 던질 타이밍만을 노리고 있었지. 예상대로 시라가와 대장과 노무라 중장이 단상 중앙에 서 있었어. 일본의 국가가 거의 끝날 무렵 윤봉길이 군중을 헤치고 나왔어. 그러고는 수통 폭탄을 던졌어. 폭탄은 정확히 단상 위에서 폭발했어. 공원은 순식간에 아수라장으로 변했지. 시라가와 대장은 시름시름 앓다가 사망하였고, 노무라 중장은 실명했어. 이밖에도 단상에 있던 주요 인물들이 크게 다쳤단다.

>>>> 100만 중국군도 해내지 못한 일

윤봉길의 의거는 승리에 젖어 있던 제국주의 일본에 경종을 울렸어. 독립운동에도 새로운 문을 열었지. 무엇보다 인류의 자유와 평화를 외치는 당당한 행동이었어. 중국군 총사령관 장제스는 "중국 100만 대군이 해내지 못한 일"을 해냈다며 윤봉길을 높이 평가했어. 김구와 회담을 가진 장제스는 일제가 패망할 때까지 대한민국 임시정부의 활동을 도왔어. 작은 불꽃 하나가 큰 불을 일으킨 것이지.

윤봉길은 일본 경찰에 붙잡혀 심문을 당하던 중 "일제도 나뭇잎과 같이 시드는 날이 꼭 온다"고 말했다고 해. 그 말대로 1945년 8월 15일 해방이 찾아왔어. 누군가에게는 영원할 거 같았던 식민 통치가 마침내 마침표를 찍은 것이지. 자신과 가족을 뒤로 하고 독립을 앞당기기 위해 헌신하셨던 애국지사들이 있었기에 가능한 일이었을 거야.

+ 더 알아보기

한인애국단

1930년대 국외에서의 독립운동은 어려운 상황이었어. 일본이 만주 사변을 일으키자 만주를 발판 삼아 항일 무장 투쟁을 벌이던 독립군의 활동은 점차 위축되었지. 대한민국 임시정부도 일제의 탄압과 내부 분열로 조직을 유지하기 어려울 정도로 약해졌어.

김구는 '한인애국단'을 조직하여 임시정부에 활기를 불어넣으려 했어. 한인애국단의 주요 활동은 일제의 주요 인물을 제거하는 일이었어. 한 사람을 죽여서 만 명을 살리는 것이 한인애국단의 활동 목표였지. 한인애국단 중 한 사람인 이봉창은 도쿄에서 일본 국왕이 타고 있던 마차에 수류탄을 던졌어. 비록 성공하지는 못했지만 일제에 큰 충격을 주었지. 뒤를 이어 윤봉길의 의거가 일어났지. 이 일로 한국의 독립운동에 냉담하던 중국인들의 태도가 바뀌었어. 마침내 중국 국민당 정부의 적극적인 지원을 이끌어낼 수 있었지. 대한민국 임시정부는 활기를 되찾고 군사 조직을 정비하며 활발한 항일 운동을 전개할 수 있었단다.

32

쓱 그리기   〈청동 투구〉 사진을 보고
투구의 모양과 색을 따라 그려 봐!

이 투구를 누가 썼을지 상상하며
투구 속 얼굴도 그려 봐!

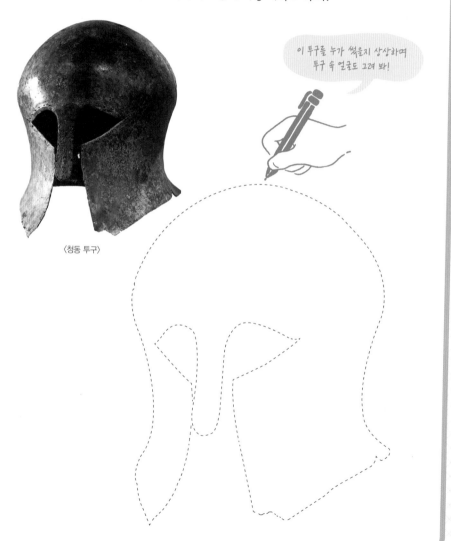

〈청동 투구〉

우리는
일본인이 아니다

한국사 책에서 서양의 투구를 그리니 낯설었지? 이 투구는 엄연히 우리나라 보물로 1936년 베를린 올림픽 마라톤 우승자 손기정과 깊은 연관이 있단다. 잠깐 페이지를 넘겨 사진을 봐. 손기정의 표정이나 주변 분위기를 보면 기쁨과 축하란 단어가 떠오르지. 그럴 수밖에 없는 게 우승 기념으로 받은 그리스 청동 투구를 50년 만에 돌려받았거든. 손기정이 이것을 나라에 기증하여 보물로 등록되었단다. 당시 신문에는 '손기정 투구 돌아왔다' '머리에 써 보며 감격'과 같은 제목으로 기사가 실렸어. 뭔가 사연이 있을 거 같지?

일명 '손기정 투구'로 불리는 이 투구는 베를린 올림픽 당시 그리스의 한 신문사가 부상으로 내놓았던 거야. 하지만 국제올림픽위원회는 손기정 선수가 아마추어라는 이유로 그 부상을 주지 않았지. 그리스 국민들도 국보 유출이라며 반대했다고 해. 결국 손기정은 그때 당시에는 부상 없이 금메달만 받았어. 게다가 부상만 못 받은 게 아니야. 손기정에게 무슨 일이 일어났던 걸까?

50년 만에 투구를 돌려받은 손기정

>>> 세상에서 제일 슬픈 금메달리스트

다음 페이지의 사진을 봐. 뭔가 좀 이상하지 않니? 메달을 딴 선수가 귀국했는데 환영받지는 못할망정 어딘가로 끌려가는 모양새잖아. 손기정이 선수로 활약한 때는 일제 강점기였어. 그의 유년 시절에는 전국적으로 3·1운동이 일어났어. 신의주가 고향인 손기정은 압록강

너머 간도에서 활약하는 독립군 이야기를 들으며 자랐을 거야. 그렇지만 일제 치하에서 손기정은 올림픽에 일장기를 달고 출전할 수밖에 없었지. 1등을 했지만 마냥 기뻐할 수만은 없었어. 시상대 위에서 손기정은 부상으로 받은 나무 화분을 이용해 옷에 붙은 일장기를 가렸어. 손기정이 할 수 있는 최고의 저항이었던 셈이지. 3등을 한 동료 남승룡은 화분을 받지 못해 일장기를 가리지 못했다고 해.

그해 「동아일보」는 손기정의 금메달 소식을 두 차례 보도했어. 처음에는 일장기가 보이는 각도에서 찍은 사진을 실었지. 하지만 두 번째 보도에서는 일장기가 사라졌어. 이를 '일장기 말소 사건'이라고 불

귀국하는 손기정의 모습.
사진 왼쪽에는 정복을 입은
일본 경찰이 있다.

러. 일장기가 없는 사진을 실은 관계자들은 일본 경찰에 체포돼 모진 고문을 받았어.

일본 입장에서 조선 청년의 금메달 소식은 그리 달갑지 않았어. 손기정이 항일의 아이콘으로 떠오를까 봐 노심초사했지. 그 와중에 일장기 말소 사건이 일어난 거야. 금메달리스트가 일본 경찰의 감시를 받으며 귀국한 이유를 이제 알겠니? 식민지 조국을 위해 뛰었던 청년 손기정. 그에게 그리스 청동 투구는 기막히게 잘 어울리는 부상인 것 같아. 수천 년 전 그리스의 한 병사가 승전보를 알리기 위해 조국을 향해 쉼 없이 뛰었던 것을 떠올리면 말이지.

>>> 변화하는 일제의 통치 방식

1910년대는 일본 헌병이 조선을 다스렸어. 이 시기 일제의 통치 방식을 '무단 통치'라고 불러. '무단'이란 마음대로, 멋대로 이런 뜻이잖아. 일본 헌병들이 군홧발로 조선인들을 멋대로 다스리던 때였지. 더 이상 참을 수 없었던 우리 민족은 1919년 3·1운동을 일으켜 일제에 저항했어. 계층, 직업, 성별, 나이에 상관없이 온 민족이 태극기를 흔들며 독립을 외쳤어.

당황한 일제는 1920년대에 통치 방식을 '문화 통치'로 바꿨어. 더 이상 무력과 강압만으로는 어렵고, 한민족의 문화와 관습을 존중하겠다는 통치 방식이었지. 하지만 실상을 들여다보면 일제는 조선인의 행복과 이익을 늘려 주겠다고 거짓말을 늘어놓고, 친일파를 키우는 데 힘을 기울였어. '조선인 대 일본인'의 대결 구도를 '조선인 대 조선인'으로 바꾸려는 교묘한 방법을 쓴 거야.

1930년대 이후는 일제가 전쟁을 확대해 나가던 시기야. 일제는 만주를 점령해 일본의 경제 불황을 해소하려 했지. 만주 장악에 만족하지 못한 일제는 중일 전쟁에 이어 태평양 전쟁까지 일으켰어. 한반도를 식민지로 삼은 일제는 만주에 이어 중국, 동남아까지 점령해 나갔던 것이지. 일제의 최종 목표는 아마도 세계 정복이었던 거 같아.

병사가 부족해진 일제는 '민족 말살 통치'를 실시했어. 한민족으로서의 정체성을 말살시키고 우리를 일본의 '황국 신민'으로 만들려고 한 것이지. 한마디로 조선인을 일본인으로 개조하는 프로젝트였어. 생각해 봐. 전쟁터에 나갔는데 조선인이 든 총이 일본군을 향하면 안 되는 거잖아. 그래서 이들은 조선인과 일본인은 한 몸이라는 '내선일체', 조상도 같다는 '일선동조론'을 퍼뜨렸어.

수시로 "나는 황국 신민이다"라고 말하게 하는 세뇌 교육이 실시되었어. 말도 일본어만 쓰도록 강요했어. 이름도 일본식으로 바꾸게 했지. 이를 '창씨개명'이라고 해. 이게 다가 아니야. 일본 신을 모신 신사에 참배하노독 상요했고, 일왕이 사는 궁성을 향해 허리 숙여 절하도록 하였어. 이름, 언어, 종교까지 모두 일본인으로 만들려 했던 것이지.

이러한 때에 손기정 사진 속의 일장기 말소는 우리의 정체성을 널리 알린 사건이었어. 겉으로 보기에 일본인 같아도 속까지 일본인으로 바꿀 수는 없는 법이지. '우리는 일본인이 아니다'라는 선언을 한 것이나 마찬가지야. 손기정의 일장기 가리기는 우리 민족의 마음을 대변한 결정적인 사건이었단다.

≫≫≫ 국적을 찾은 날

1988년, 대한민국 서울에서 제24회 올림픽이 열렸어. 일제의 억압 아래에서 태극기도 달지 못했던 우리가 올림픽을 개최한 것이지. 손기정이 개막식에서 마지막 성화 봉송 주자로 올림픽 경기장에 들어섰어. 어린아이처럼 환환 얼굴이었지. 마침내 우리나라를 대표해 올림픽에 참여할 수 있었으니까. 그리고 4년 뒤 열린 1992년 스페인 바르셀로나 올림픽은 손기정에게 더 큰 선물을 주었어. 마라톤 대회에서 황영조 선수가 일본 선수와 1, 2위를 다투다 승리를 거두었거든. 두 손을 번쩍 든 황영조 못지않게 가슴 벅찬 사람이 바로 손기정이었어. "오늘은 내 국적을 찾은 날이다." 56년 전 가슴에 일장기를 달고 뛰어야만 했던 손기정. 그는 황영조 선수의 가슴에 달린 태극기를 보며, 1936년 베를린에서 뛰었던 마라톤을 다시 한 번 완주한 거야.

일제 강점기의 스포츠 스타

일제의 핍박에 시달리던 우리 민족에게 희망을 준 사람이 또 있었어. 바로 자전거 왕 엄복동이야. 사람들은 노래까지 지어 엄복동의 우승을 기렸지. 자전거 경주를 한낱 운동 경기가 아닌 조선 대 일본의 민족 간 대결이라고 생각했기 때문이야.

엄복동은 자전거 가게의 판매 점원이었어. 전문적인 자전거 선수가 없던 시절이어서 배달원이나 자전거 판매원들이 선수로 뛰었지. 1910년, 엄복동은 전 조선 자전거 경주 대회에서 우승을 차지하며 자전거 왕의 시대를 예고했어. 엄복동 선수는 잘 훈련된 일본 선수들을 모두 제치고 매번 우승을 차지했어.

1920년에 열린 경기에서는 일본인 심판이 해가 졌다는 이유로 경기를 중단시켰어. 선두로 달리던 엄복동이 심판에게 강하게 항의했지. 돌아온 것은 일본의 온갖 방해뿐이었어. 이런 고난 속에서도 엄복동은 자전거 왕의 자리를 잃지 않았어. 그는 암울한 시기, 자전거 하나로 조선 사람들에게 자긍심을 심어 준 스포츠 스타였단다.

33

쓱 그리기

대동여지도에 그려진 제주도야.
백록담을 색칠한 다음, 힌트를 보고
'관덕정'이 어디 있는지 찾아봐.

힌트 1 한라산을 기준으로 북쪽에 위치한다.

힌트 2 한자로 '제주'라고 써 놓았다.

힌트 3 이곳에서 사방으로 길이 뻗어나간다.

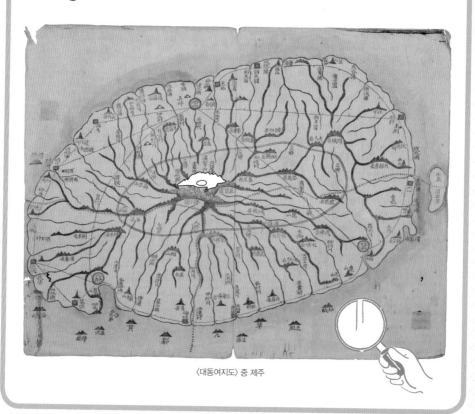

〈대동여지도〉 중 제주

제주 4·3 사건

아름다운 섬 제주는 관광 명소로 유명해. 매해 제주도민보다 더 많은 관광객들이 왔다 가지. 제주도는 돌, 바람, 여자가 많다고 삼다도(三多島)라고 불리기도 하지. 너희가 찾아본 '관덕정'은 제주에 현재 존재하는 건물 중 가장 오래된 건물로, 병사들을 훈련시키기 위해서 지어졌대. 제주의 또 하나의 상징이라고 볼 수 있지.

긴 역사 속에서 보면 제주는 변방이나 마찬가지였어. 삼국 시대에는 탐라국으로 불린 독립국이었다가 고려 시대에 와서 우리 영토에 포함되었어. 조선 시대에는 선비들의 유배지였고, 태평양 전쟁 시기에는 일본 본토를 지키는 최후의 방어선처럼 여겨지기도 했단다. 이렇듯 제주의 역사는 착취와 압제의 아픈 역사라고도 볼 수 있지. 그중에서도 수만 명이 희생된 제주 4·3 사건은 아픈 역사의 결정판이라고 볼 수 있어. 이 사건의 불씨는 너희가 찾아본 관덕정 앞에서 지펴졌단다.

제주 4·3 사건은 도대체 어쩌다 일어난 걸까? 이걸 알려면 해방 당시의 우리나라 상황을 살펴봐야 해.

>>> 좌우 갈등을 넘지 못하다

1945년 8월 15일, 제2차 세계대전에서 패한 일본의 항복으로 우리에게도 해방이 찾아왔어. 하지만 우리나라는 즉각적인 독립을 하지는 못했어. 연합군이 한반도를 일본의 오랜 식민지로 인식했기 때문이지. 그래서 38도선을 기준으로 이북은 소련군이, 이남은 미군이 통치하게 되었어. 그러다 모스크바 3국 외상 회의에서 '신탁 통치'가 결정되었어. 신탁 통치란 국제연합의 위임을 받은 나라가 자치 능력이 부족해 정치적 혼란이 우려되는 지역을 대신해서 통치하는 것을 말해. 신탁 통치가 결정 나자 처음에는 우리나라의 좌익과 우익 세력 모두 반대했어.

하지만 좌익 세력은 모스크바 회의의 본질이 우리나라 임시정부 수립에 있다고 보고 신탁 통치에 찬성하는 쪽으로 입장을 바꾸었어. 이후 좌익과 우익의 대결 구도는 점차 심해졌어. 모스크바 회의 내용대로 임시정부 수립을 위한 미·소 공동 위원회가 꾸려졌어. 하지만 회의에 참석할 단체를 두고 대립하다 아무런 성과 없이 회의가 결렬되고 말았지. 이런 극한 대치 상황에서 과연 임시정부 수립이 가능할까?

이승만은 불가능하다고 판단했어. 그래서 남한만의 단독 정부를 구성해야 한다고 주장했단다. 제2차 미·소 공동 위원회마저 성과 없이 끝나자 임시정부 수립 문제는 국제연합으로 넘어갔어. 국제연합은 인구 비례에 따른 남·북한 총선거를 통해 정부를 세우라고 했어. 하지만 북한과 소련이 이 결정에 반대했어. 결국 이승만의 발언대로 남한만의 단독 선거가 치러지게 되었단다. 독립은커녕 한반도가 둘로 쪼개질 위기에 처해진 거야.

≫≫ 비극의 서막이 열리다

1948년 4월 3일 새벽 2시, 제주도에서 남조선 노동당 유격대 350여 명이 12개의 경찰 지서와 우익 단체를 공격했어. 남조선 노동당은 1946년 조직된 공산주의 정당으로, 줄여서 '남로당'이라고 불러. 당시 제주도에는 24개의 경찰 지서가 있었는데 그중 절반이 공격을 받은 것이지. 남한만의 단독 선거인 5·10 총선을 한 달여 앞두고 터진 무장 봉기였어. 이것이 제주 4·3 사건의 시작이야. 무엇이 이들로 하여금 총을 들게 했을까?

한 해 전인 1947년, 제28주년 3·1절 기념식이 제주에서 열렸어. 기념식을 마친 군중은 관덕정 광장에서 시위를 벌였어. 좌익 세력의 주도로 미·소 공동 위원회의 재개를 촉구하는 내용이었지. 하지만 이 시위는 허가받지 못한 것이었어. 시위를 하며 행진하던 중 한 어린이

제주 관덕정
제주에서 가장 오래된 건물 중 하나인 관덕정은 조선 세종 때
병사들의 훈련장으로 사용하기 위해 세웠다. 1947년 제28주년 3·1절 기념식 이후
시위 중에 발생한 경찰의 발포로 관덕정 앞에서 주민 6명이 사망하였다.

가 경찰이 탄 말의 발굽에 치였어. 경찰이 아무 일 없다는 듯이 자리를
뜨려 하자 성난 군중이 경찰을 쫓았어. 당황한 경찰은 경찰서 쪽으로
말을 몰았고, 잠시 후 경찰서 쪽에서 "탕! 탕!" 하고 총성이 울렸어. 그
러고는 쫓아오던 군중 몇몇이 외마디 비명과 함께 쓰러졌지. 이 '3·1
절 발포 사건'으로 주민 6명이 사망하고 8명이 부상을 당했어.

　경찰은 사건을 수습하기보다는 발포 사실을 정당화하는 데 급급
했어. 당시 우리나라를 다스리던 미 군정도 경찰의 발포를 정당방위로

결론 내렸어. 시위대가 경찰서를 공격하려고 했다는 거야. 민심은 폭발 직전이었어. 공포탄도 아닌 실탄을 국민에게 쏘다니 말이야. 그래도 이때까지만 해도 제주에 엄청난 비극이 일어날 줄은 아무도 몰랐어.

>>>> 조선의 작은 모스크바?

1947년 3월 10일, 섬은 거의 마비 상태였어. 제주도청을 시작으로 제주도 전체 직장의 95%가 파업하고 있었거든. 농부도, 어부도 모두 손을 놓았어. 학교는 무기한 휴교를 했지. 경찰이 '3·1절 발포 사건'에 대한 납득할 만한 조치를 취하지 않자 사람들이 파업으로 자신들의 뜻을 표현하기 시작한 거야. 당시의 민심이 어땠는지 짐작해 볼 수 있겠지?

한 경찰 고위 간부는 파업 사태를 두고 "원래 제주도 주민의 90%가 좌익 성향을 띠고 있다"고 발언했어. 제주 사람들이 이승만이 주장한 남한만의 단독 정부 수립을 반대했기 때문이지. 미군도 제주도 주민의 70%가 좌익 단체를 따르고 있다고 보고했어. 한마디로 제주를 공산주의로 물든 섬으로 보았던 것이지. 이후 제주 사람들은 폭도로 규정되었어. 섬은 순식간에 폭력과 공포로 가득 찬 혼돈 상태가 되었단다.

제주 탄압에 가장 앞장선 단체는 '서북청년단'이었어. 서북청년단은 공산주의자라면 이를 부득부득 가는 대표적인 우익 반공 단체야. 남한에서 그들이 행한 대부분의 행동에는 면죄부가 주어졌어. 남한 사회가 공산화 되는 것을 막는다는 명분이 있었거든. '제주는 조선의 작은 모스크바'라고 생각한 서북청년단원들이 속속 제주도로 파견되었어. 이들은 파업에 참여한 사람들을 마구 잡아들여 유치장에 가두었어. 그렇게 연행된 사람 중 3명의 청년이 고문을 받다 사망했어. 파업을 주도한 남로당 관계자들도 줄줄이 잡혀 들어갔어.

이러한 무자비한 행태에 민심은 폭발했어. 결국 남로당은 무장 투쟁을 결심했단다. 이들의 요구 조건은 경찰과 서북청년단의 탄압 중지, 5·10 총선과 남한 단독 정부 수립 반대였어. 미국은 함정을 보내 해안을 막고 군대, 경찰, 서북청년단을 계속 제주에 보냈어. 이에 남로당 무장대는 한라산으로 올라가 유격 전술로 대항할 수밖에 없었지.

>>> 학살로 얼룩진 작전

1948년 8월 15일, 대한민국 정부가 수립되었어. 이제 제주 4·3 사건 문제는 미 군정에서 대한민국 정부로 넘어왔지. 우리나라 정부니까 좀 더 평화적인 해결을 시도하지 않았을까? 아니, 정반대였어. 5·10 총선 때 제주도는 3개 선거구 가운데 두 곳이 선거를 치르지 못했어. 이승만 대통령이 자신과 정부를 부정하는 제주에 '계엄령'을 선포하고 섬을 초토화하는 작전을 벌였거든. 체제 수호를 위해 국가 폭력을 정당화한 거야. 계엄령이란 국가에 비상 사태가 일어나면 국가의 안전과 공공질서 유지를 위해 대통령이 직접 군사권을 행사하는 긴급 명령이야. 제주에 계엄령이 내려오고, 수많은 군인들이 제주도로 들어왔어.

이렇게 들어온 군대는 해안에서 5km 이상 떨어진 산간 지역에 있는 사람들을 모두 공산주의자로 여기고 무조건 죽였어. 남로당 무장대의 은신처나 물자를 제공하는 곳들을 차단한다며 집도 모두 불태웠어. 어쩔 수 없이 산간 지역에 살던 주민들은 아랫마을로 옮겨 와 낯선 곳에 살아야만 했지. 미처 피신하지 못한 노인들은 총에 맞아 죽기도 했어. 무장대와 관련 없는 사람들의 억울한 죽음들이 계속되었어. 가족 중 남자가 한 사람이라도 없으면 무장대의 가족일 거라며 죽이기도 했어. 이런 식으로 무고한 제주도민 3만여 명이 살해당했어. 그야말로 집단 학살의 광기가 제주 땅을 뒤흔들었단다.

≫≫ "너는 어느 편이냐?"

해방 이후 한국은 이념 대결의 장이 되었어. 자유 민주주의와 공산주의의 대결이었지. 이념이란 이상적으로 여기는 생각이나 견해를 말해. 하지만 다른 이념끼리 서로 다투다 극단으로 치닫게 되면 어느 누구도 자유롭기 힘들어진단다. "너는 어느 편이냐?" "네가 따르는 이념은 무엇이냐?"라는 질문에 답해야만 하는 상황이 벌어지기 때문이야. 제주 4·3 사건도 이념 대결에서 시작된 폭력이었고, 무분별한 마녀사냥이었어.

어떤 이념을 가지고 있느냐를 떠나서 제주 사람들 대부분은 쌀과 자유를 달라며 목소리를 낸 선량한 국민이었어. 밤에는 무장대 편에, 낮에는 토벌대 편에서 우왕좌왕할 수밖에 없었던 사람들도 자신의 생존을 위한 어쩔 수 없는 행동이었지.

2003년, 노무현 대통령이 직접 제주도를 방문해 '국가 폭력'에 의해 고통 받은 유가족과 제주도민들에게 사과했어. 그렇게 제주도민들의 가슴에 박힌 못 하나를 빼 주었어. 하지만 그 상처는 그들의 기억 속에 계속 남을 거야.

제주 4·3 사건의 성격은 크게 반란 사건과 민중 항쟁으로 나뉘어져. 반란 사건이란 측면에서 보면 남한의 체제를 전복하려는 공산 세력의 폭동으로 정의할 수 있어. 하지만 민중 항쟁이란 측면에서 보면 미 군정은 일본에게 바통을 이어받은 또 다른 점령자야. 그러니 제주 사람들의 투쟁은 통일 정부를 염원하며 국가의 부당한 폭력에 맞선 민중 운동인 셈이지.

여수·순천 10·19 사건

1948년 10월 19일, 제주 4·3 사건의 진압을 위해 제주도로 출동 명령을 받은 여수와 순천의 국방 경비대 제14연대에서 반란이 일어났어. 이를 '여수·순천 10·19 사건(여순 사건)' 또는 '여순 반란 사건'이라고 해. 국방경비대 내에 있던 좌익 성향의 장교들의 주도로 2,000명 이상이 지리산으로 도망쳐 정부를 상대로 싸웠어. 진압군이 반란군으로 변한 셈이야. 반란 가담자 중에는 제주 출신이 많았다고 해. 고향 사람들에게 차마 총부리를 겨눌 수 없었던 거야.

쓱 그리기
정답

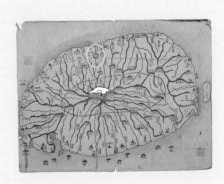

34

쓱 그리기 6.25 전쟁을 멈춘다는 내용이 담긴 문서야.
문서에 있는 이름들을 보며 서명을 따라 그려 봐.

63. All of the provisions of this Armistice Agreement, other than Paragraph 12, shall become effective at 2200 hours on 27 July 1953.

Done at Panmunjom, Korea, at 1000 hours on the 27th day of July, 1953, in Korean, Chinese, and English, all texts being equally authentic.

본 협정의 일체 규정은 1953년 7월 27일 22:00부터 효력이 발생한다.
1953년 7월 27일 10:00에 한국 판문점에서 영문, 한국문 및 중국문으로
작성한다. 세 언어의 협정문은 동등한 효력을 갖는다.

KIM IL SUNG
Marshal, Democratic People's
Republic of Korea
Supreme Commander,
Korean People's Army

김 일 성
조선인민군 최고사령관
조선민주주의인민공화국원수

PENG TEH-HUAI
Commander,
Chinese People's
Volunteers

펑 덕 회
중국인민지원군사령원
PRESENT

MARK W. CLARK
General, United States Army
Commander-in-Chief,
United Nations Command

마크 W. 클라크
국제연합군 총사령관
미국 육군 대장

NAM IL
General, Korean People's Army
Senior Delegate,
Delegation of the Korean People's Army
and the Chinese People's Volunteers

남 일
조선인민군 및 중국인민지원군 대표단 수석 대표
조선인민군 대장

WILLIAM K. HARRISON, Jr.
Lieutenant General, United States Army
Senior Delegate,
United Nations Command Delegation

윌리엄 K. 해리슨
국제연합군 대표단 수석 대표
미국 육군 중장

휴전협정 원문

냉전의 최전선이 된
38도선

1953년 7월 27일은 6·25 전쟁을 멈추는 협정이 있던 날이야. 판문점의 협상 테이블에는 국제연합군 총사령관 마크 W. 클라크, 조선인민군 최고사령관 김일성, 중국인민지원군 사령원 팽덕회가 자리해 휴전 협정문에 서명을 했어. 점선을 따라 너희도 이 사람들의 이름을 서명해 봤지? 이 협정으로 우리나라에는 휴전선을 경계로 남북으로 각각 2km 지점에 북방한계선과 남방한계선이 그어졌어. 이 안쪽을 비무장지대(DMZ)라고 부르지. 그런데 이런 경계선은 어떻게 하다 그려진 걸까?

>>> 도둑처럼 찾아온 해방

1945년 8월 15일, 꿈에도 그리던 해방이 찾아왔어. 민중운동가 함석헌 선생님에 의하면 '해방은 도둑처럼' 갑자기 찾아왔어. 그렇지만 여러 통로를 통해 해방의 기운을 미리 알아차린 민족 지도자들이 있었어. 그들은 건국 준비에 박차를 가했어. 여운형의 '조선 건국 준비위원회', 김구의 '대한민국 임시정부'가 양대 산맥을 이루었지.

그렇지만 해방의 기쁨도 잠시, 일본군을 무장 해제하기 위해 미군과 소련군이 들어왔어. 그리고 이때 38도선을 기준으로 북쪽은 소련군이, 남쪽은 미군이 점령군 형태로 들어오면서 건국의 꿈은 물거품이

Photo # 80-G-391464 Japanese flag comes down, Korea, 1945   Photo # 80-G-391465 U.S. flag goes up, Seoul, Korea, 1945

성조기가 올라간 조선총독부 앞 국기 게양대
일본의 패망과 동시에 조선의 즉각적인 독립은 이루어지지 못했다.
38도선 이남에서는 남한 단독 정부가 수립될 때까지 3년간 미군에 의한 군사 통치가 실시되었다.

되고 말았어. 해방이 곧 즉각 독립으로 연결되지 못했단 말이지. 조선 총독 아베가 항복 문서에 사인하자 총독부 앞의 일장기가 내려가고 성조기가 올라갔어. 미군의 군사 정치가 공식적으로 시작된 거야. 미국과 소련, 두 강대국이 한반도에 들어온 이유는 무엇일까? 이걸 알려면 소련군이 대일전에 참전한 이유를 알아야 해.

≫≫ 소련군이 참전하기로 하다

1945년 2월, 흑해 연안의 얄타에서 미국, 영국, 소련의 지도자들이 모여 회담을 열었어. 얄타 회담의 최대 성과는 소련의 대일전 참전 결정이었어. 소련이 일본과 싸우겠다는 거지. 소련은 180일 이내에 참전할 것을 약속했어. 소련이 이런 결정을 내린 것은 미국의 역할과 영향력을 의식했기 때문이야.

미국은 어땠을까? 미국은 전쟁이 끝난 이후 소련과의 관계를 따져 보았어. 소련은 전쟁으로 인한 피로도가 적었고 전투력도 온전한 편이었지. 미국은 소련의 군사력을 소모시켜 전후의 세계 정치 흐름을 자신들이 주도하려고 했어. 겉으로는 미국 병사들의 피를 더 이상 흘리게 할 수 없다는 구실도 내세웠지.

소련의 입장에서도 참전은 이익이었어. 전쟁은 막바지에 다다르고 있었고 다 차려진 밥상에 수저만 올려놓으면 되었으니까. 참전의 명분을 내세워 국제사회에서 목소리를 높일 수 있다는 계산도 깔려 있었지. 하지만 소련은 실제로 군대를 보내지는 않고 차일피일 미루고 있었지.

>>> 소련군이 무혈입성하다

1945년 5월, 독일이 항복을 선언했어. 이로써 유럽에서 벌어진 2차 세계대전이 막을 내렸어. 더불어 일본의 패색도 짙어지고 있었어. 그리고 결국 운명의 날을 맞이했어. 1945년 8월 6일, 일본의 군사 도시 히로시마에 원자 폭탄이 투하되었어. 사흘 뒤 나가사키에도 폭탄이 떨어졌지.

바로 다음 날, 소련은 부랴부랴 참전을 결정하고 군대를 보냈어. 그날은 정확히 얄타 회담에서 소련이 참전하기로 약속한 지 180일이 되는 날이었어. 미국의 예상대로라면 일본의 막강한 관동군과 만주군이 소련군을 기다리고 있을 터였어. 하지만 미국의 예상은 완전히 빗나갔어. 전세가 불리해진 일본은 대부분의 관동군을 동남아 전선으로 파견한 상태였거든. 만주와 연해주에서 일본의 전력은 공백 상태나 마찬가지였어. 소련군은 파죽지세로 함경도까지 밀고 내려왔는데, 거의 무혈입성이나 마찬가지였지. 소련군이 빠르게 남하하자 미국은 당황할 수밖에 없었어. 소련군에 의해 한반도가 해방을 맞이하면 한반도의 공산화는 시간문제라고 생각했거든.

다급해진 미국은 한반도와 가장 가까운 곳에 위치한 미군 부대를 찾았어. 하지 중장이 이끄는 제24군단이 일본의 최남단에 있는 오키나와에 있었지. 제24군단은 영문도 모른 채 배에 올라타 북상했어. 제24군단은 원래 일본 본토 공격을 위해 파견된 부대로, 한반도에 대해 아는 것이 없었어. 심지어 지휘관들조차 한국이 어디에 있는 나라인지 몰랐다고 해.

>>>> **점령군인가, 해방군인가**

미국 국방성은 제24군단이 가장 빠른 속도로 북상해 한반도에 도착할 시기를 계산해서 미군이 남하하는 소련군과 마주칠 곳을 가늠해 보았어. 이 계산을 통해 미국 국방성 소속 장교들이 북위 38도선을 최초로 그은 거야. 이윽고 미국은 38도선 이남으로 소련군이 넘어오지 말 것을 요청했어. 소련은 미국의 제안을 받아들였지. 그러니까 38도선은 아시아에서 공산 세력이 확장하는 걸 우려한 미국이 그은 셈이야. 미국과 소련의 이념 대립이 한반도의 운명을 결정지은 거나 마찬가지지. 만약 얄타 회담이 개최되지 않았다면 어땠을까? 소련군이 한반도로 들어오지 않았을 것이고, 미군이 한반도 전체를 점령하지 않았을까?

마침내 태평양 전쟁을 승리로 이끈 맥아더 장군은 일본 도쿄에 사령부를 차렸어. 맥아더는 일본 통치에 온 신경을 집중했기 때문에 한반도 관리를 제24군단에게 떠맡겼어. 하지 중장이 최고 통치자였고 중령, 소령 같은 낮은 계급의 장교들이 장관에 기용되었어. 외세에 의한 한반도 경영이 얼마나 부실했을지 예상되는 측면이야.

미 군정은 조선 총독부의 관료들을 다시 써서 행정의 공백을 채웠어. 일본인을 처단하기는커녕 행정을 편히 하려고 그들에게 어깨동무를 청한 셈이야. 일본이 다시 무장하도록 돕는 착각마저 들었어. 이런 면에서 미군을 해방군이 아닌 '점령군'으로 볼 수도 있어. 일본을 대신한 새로운 지배자로서 말이지.

'점령군'이란 말이 좀 거북할 수 있어. 하지만 맥아더가 내린 포고문을 보면 해방군이라고 생각하긴 어려운 점이 많아. 미 군정에 협조하지 않는 자는 사형 또는 그에 준하는 벌을 주겠다고 했거든. 이런 미군의 오만한 태도는 한반도를 일본의 일부로 인식한 데에서 온 거야. 우리나라가 35년간 일본의 식민지였고 본의 아니게 일본이 일으킨 전쟁에 군인과 물자를 공급했기 때문이지. 반면 일제 식민지였던 동남아 국가들은 전쟁이 끝나자마자 즉각 독립을 이루었어. 길어야 5년 정도의 식민 지배만 겪었기 때문이지.

사실 조선 총독부 관료들과 일본인들은 미군이 인천에 상륙하자 두려워했어. 심판대 앞에 선 죄수처럼 어떤 판결이 내려질지 초조해

했지. 하지만 미군이 심판자가 아니라 비즈니스 상대라는 사실을 알아 차리는 데는 그리 오랜 시간이 걸리지 않았어. 맥아더 포고문에도 나와 있듯이 일제 때의 공무원 대부분이 복직되었거든. 무언가 크게 잘못되고 있었어.

>>>> 이념의 대치선이 되다

처음에 38도선은 단순한 군사 분계선에 불과했어. 일본군의 무장 해제를 위한 미군과 소련군의 경계에 불과했단 말이지. 아직까지 미군과 소련군은 같은 편이었어. 한데 미국과 소련 사이에 '냉전' 이데올로기가 강력하게 작용하면서부터 38도선이 민족의 분단선으로 굳어지게 되지. 냉전이란 직접적인 무력 사용 대신 경제·외교·정보 등을 수단으로 하는 국제적 대립을 뜻하는 말이야.

1947년 미국의 트루먼 대통령은 소련은 더 이상 미국의 편이 아니라고 선언했어. 이를 '트루먼 독트린'이라고 하는데 공식적인 냉전의 시작이었지. 트루먼은 철저한 반공주의자였어. 그는 2차 세계대전 때 "독일군과 소련군이 피 흘려 다 죽어 버렸으면 좋겠다"라고 말하기도 했지. 독일군은 적이라지만 아군인 소련군에게까지 악담을 한 것을 보면 공산주의를 '악의 축'로 여겼던 것이 분명해. 1945년 5월, 루스벨트 대통령이 임기 중에 사망하자 부통령이었던 트루먼이 대통령이 되었어. 냉전의 서막이 올라가고 한반도 분단의 신호탄이 터진 거야.

　이제 38도선은 단순한 군사 분계선에서 냉전의 대치선으로 둔갑했어. 자본주의를 대표하는 미국과 공산주의를 대표하는 소련이 다투는 냉전의 최전선이 되고 말았지. 미국 입장에서 남한은 자본주의 수호를 위한 보루이자 전진 기지였어. 청일 전쟁과 러일 전쟁의 흉터가 다시 욱신거렸어. 주변 강대국들이 한반도를 쑥대밭으로 만들었던 참혹한 역사의 도돌이표가 언제 시작될지 몰랐어. 해방이 곧 분단으로 이어질 위기였어.

삼천만 동포에게 읍고함

해방 이후 남한은 스무 개가 넘는 정당이 각자의 이념에 따라 나뉘어져 다투고 있었어. 냉전의 제물이 될 분단은 시시각각으로 다가왔어. 그때 분단을 막아 보겠다며 38도선을 넘은 특별한 사람이 있었어. 바로 대한민국 임시정부 주석이었던 김구 선생이야. 그는 '삼천만 동포에게 읍고함'이라는 담화를 발표해 자신의 뜻을 밝히기도 했어. '읍고(泣告)'란 '울음으로 호소한다'라는 뜻이야. 김구 선생의 소원은 38도선이 사라지고 남과 북이 하나의 통일 정부를 구성하는 것이었어. 그래서 김구 선생은 북과 협상하기 위해 평양으로 향했단다.

> "한국이 있고야 한국 사람이 있고, 한국 사람이 있고야 민주주의도 공산주의도, 또 무슨 단체도 있을 수 있는 것이다. … 나는 통일된 조국을 건설하려다가 삼팔선을 베고 쓰러질지언정 내 한 목숨의 구차한 안일을 위하여 단독 정부를 세우는 데는 협력하지 아니하겠다." - '삼천만 동포에게 읍고함' 중 일부

안타깝게도 김구 선생의 바람은 물거품이 되고 말았어. 북한의 협상은 말뿐이었고 남한은 단독 선거를 실시했어. 김구 선생은 이 선거에 불참했고, 이승만 같은 보수 세력이 권력을 잡았지. 만약 김구가 선거에 참여하고 정부 수립에도 동참했다면 이승만의 독주를 견제할 수 있었을 텐데 안타까운 일이야. 결국 남북한에 저마다 정부가 수립되었어. 그리고 오랜 시간 동안 서로를 향해 으르렁댔지. 북한의 김일성은 '남조선 해방'을, 남한의 이승만은 '북진 통일'을 내세우다 6·25 전쟁이 터진 거야.

35

쓱 그리기 제3대 정부통령 선거 포스터야. 이름을 색칠하고,
비어 있는 부분에 구호를 써서 포스터를 새롭게 완성해 봐.

선거 구호를 재치있게
패러디해 봐!

제3대 정부통령 선거
리승만, 리기붕 선거포스터

절대 권력은
반드시 무너진다

1956년 치러진 제3대 정부통령 선거에서 자유당은 이승만과 이기붕을 각각 대통령과 부통령 후보로 등록했어. 정부통령이란 대통령과 부통령을 아울러 이르는 말이야. 이승만은 3선 대통령이 되려고 헌법을 뜯어고쳤어. 바뀐 헌법에는 대통령에게 특별한 사정이나 사고가 있을 때 부통령이 대통령의 역할을 자동으로 이어받는다는 내용도 포함되었지. 당시 이승만은 팔순을 넘긴 고령이었기 때문에 언제 어떻게 될지 몰랐어. 그래서 제3대 정부통령 선거의 초점은 온통 부통령에 집중되어 있었어. 자유당 입장에서는 반드시 이기붕이 부통령이 되어야만 했지. 야당인 민주당도 대통령 후보보다 부통령 후보에 관심이 쏠렸어. 민주당의 부통령 후보는 장면이었어. 선거 결과 이기붕을 제치고 장면이 당선되었단다. 대통령에는 이승만이 뽑혔고. 자유당 대통령 이승만과 민주당 부통령 장면의 불편한 동거가 시작된 것이지. 이승만 정권의 시작과 전개, 그리고 제3대 정부통령 선거에 대해 좀 더 자세히 알아볼까.

1948년 5·10 총선으로 탄생한 제1대 의회는 대한민국의 헌법을 만들었어. 그래서 초대 국회를 '제헌 국회'라고 부르고, 헌법을 제정한 날인 7월 17일을 제헌절로 정했단다. 이 헌법에 의하면 대통령 임기는 4년이야. 임기가 끝나도 다시 대통령 후보로 선거를 치르고 당선되면 대통령을 한 번 더 하는 것도 가능했어. 당시 대통령 선거는 간접 선거로 국회의원들이 국민 대신 대통령을 선출했지. 정리하자면 대통령 임기는 최장 8년이고, 세 번 대통령을 하는 3선은 원천적으로 불가능했어.

하지만 이승만 대통령은 자신의 정권을 연장하기 위해 대한민국 헌정 사상 최악의 개헌을 두 차례 시도했어. 1952년 제2대 정부통령 선거에서 당선이 어려워지자 국민들이 대통령을 직접 뽑는 직선제로 개헌한 것이 첫 번째 개헌이야. 야당이 총선에서 승리하자 재선이 어렵다고 판단한 이승만이 정부의 직선제 개헌안과 국회의 내각 책임제 안건을 뽑아 만든 '발췌 개헌안'을 통과시킨 것이지. 경찰과 군대로 국회의사당을 포위한 채 진행된 발췌 개헌안 표결은 참석자 전원 찬성으로 통과되었단다.

　두 번째 개헌은 제3대 정부통령 선거를 2년 앞둔 1954년에 일어났어. 이승만은 초대 대통령에 한해 3선 금지 조항을 없애자는 '3선 개헌'을 시도했어. 이번에도 이승만은 힘으로 밀어붙일 작정이었어. 하지만 3선 개헌안은 통과되려면 필요한 최소 찬성 인원인 '의결 정족수'에서 1명이 모자라 받아들여지지 않았어. 하지만 곧 '사사오입' 논리로 판을 뒤집어 이틀 만에 개헌안이 통과되는 코미디가 연출되었단

이승만 대통령은 6·25 전쟁 중 임시 수도 부산에서 발췌 개헌을 통과시킨다.
재선에 성공한 이승만 대통령의 모습을 포스터에 담은 것이다.

다. 사사오입 사건은 뒤에서 자세히 설명할게.

　그렇게 해서 이승만은 8년을 꽉 채우고도, 1956년 제3대 대통령 선거에 자유당의 후보로 나올 수 있었어. 야당인 민주당에서는 대통령 후보에 신익희, 부통령 후보에 장면을 내보냈지. 민주당은 "못 살겠다, 갈아 보자!"라는 구호로 큰 인기를 얻고 있었어. 그런데 신익희가 유세를 하려고 이동하다가 갑작스레 사망한 거야. 야권에서는 무소속 후보로 조봉암이 나왔지만 민주당조차 조봉암이 공산주의에 물든 사람이라고 비난하며 조봉암을 찍으면 안 된다고 힘주어 말했어. 오죽했으면 민주당의 핵심 인물들이 사람들에게 조봉암을 찍을 바에 차라리 이승만을 찍으라고 말했을까.

　선거 결과, 대통령에 자유당의 이승만, 부통령에 민주당의 장면이 당선되었어. 조봉암은 비록 대통령이 되지 못했지만 216만 표 이상을 얻으며 돌풍을 일으켰지. 신익희를 뽑으려던 사람들의 표가 몰렸다고 해도 예상 밖의 결과였어.

>>> 3·15 부정 선거

　그리고 다시 4년 뒤인 1960년 3월 15일, 제4대 정부통령 선거가 치러졌어. 민주당의 대통령 후보 조병옥이 선거 직전에 지병으로 세상을 떠나자 이승만은 단독 대통령 후보가 되었지. 대통령직은 따 놓은 것이나 마찬가지였지만 당시 이승만의 나이는 86세의 고령이었어. 언제 세상을 떠날지 모르는 나이였지. 대통령이 갑자기 죽으면 부통령이 대통령직을 자동으로 이어받는다고 했잖아. 그래서 어느 때보다 부통령 자리를 지키려는 장면과 부통령에 재도전하는 이기붕의 대결은 치열할 수밖에 없었지. 자유당 입장에서 이번 선거에서만큼은 이기붕이 반드시 부통령에 당선되어야만 했어. 문제는 이기붕이 인기가 없었다는 거야. 이기붕과 자유당은 온갖 부정적인 방법을 동원했고, 이것은 부정 선거로 이어졌어.

어이없게도 이기붕의 득표율은 100%를 웃돌았어. 이게 무슨 뜻이냐면 득표수가 투표수보다 더 많이 나왔다는 것이지. 어떻게 된 거냐고? 자유당이 투표함에 이기붕을 찍은 투표 용지를 미리 넣어 뒀거든. 이를 '4할 사전 투표'라고 하는데, 유권자의 40%에 해당하는 수의 투표 용지를 미리 투표함에 넣어 둬서 붙은 이름이지. 부정 선거 방식에는 '3·6·9인조 공개 투표'도 있었어. 3명, 6명, 9명씩 조를 나누어 이기붕을 찍었는지 안 찍었는지 확인하게 했어. 더 기가 막힌 것은 사람들에게 막걸리, 돈, 고무신까지 뿌려 대며 표를 얻으려 했다는 거지. 부정 선거 종합 세트라고 할 만하지. 그래서 제4대 정부통령 선거를 '3·15 부정 선거'라고 부른단다.

≫≫≫ 김주열 사망 사건

부정 선거를 두고 볼 수 없었던 고등학생들이 먼저 거리로 나섰어. 학생들은 학교에서 국가의 주권은 국민에게 있다고 배웠을 거야. 하지만 현실은 정반대였어. 돈을 주고받지를 않나, 완장을 찬 깡패들이 투표장 안에서 특정 후보를 찍으라고 눈을 부라리지를 않나, 말도 안 되는 일들이 마구 일어나고 있었어.

투표 당일, 마산에서는 시민과 학생들이 부정 선거에 항의하다 유혈 사태까지 벌어졌어. 이때 마산상고 학생 김주열 군이 실종되었어. 한 달 뒤인 1960년 4월 11일, 마산 앞바다에서 김주열 군의 시신이 떠올랐어. 눈에 최루탄이 박힌 채로 말이야. 경찰이 문제가 커질 것을 걱정해 시신을 바다에 내다 버렸던 것이지. 이제 시위는 걷잡을 수 없을

3·15 부정 선거에 반대하는 시위 소식이 실린 「한국일보」 기사
'어제 밤 마산서 선거 사상 초유의 불상사'란 헤드라인이 보인다.
그 아래에 세로로 '투석하는 수천 군중에 경관 발포'라는 문구가 씌어 있다.
바로 이때 김주열이 사망한 것으로 보인다.

정도로 커졌어. 김주열 사망 사건이 4·19 혁명의 기폭제가 된 거야.

이뿐만이 아니야. 4월 18일에는 고려대 학생들이 시위를 마치고 돌아가는 길에 정치 폭력배들에 의해 집단 구타를 당하는 사건이 일어났어. 권력에 의해 '허용된 폭력'이었어. 법치주의 국가인 대한민국 한복판에서 일어난 일이라고는 믿기 어려워. 보호해야 할 국민을 나라가 때린 셈이니까. 이승만 정권은 정상적인 판단력을 잃어 갔어.

>>> 혁명의 불길이 솟아오르다

4월 19일, 학생들과 시민들의 분노는 극에 달했어. 경무대, 즉 지금의 청와대 앞까지 나아간 학생과 시위대를 기다리고 있던 것은 총과 최루탄이었어. 수십 명이 죽거나 다쳤어. 한성여중 2학년 진영숙 학생은 시위에 나가기 전 어머님께 편지를 남겼는데, 그 편지는 유서가 되었어. "우리들이 아니면 누가 데모를 하겠습니까. 이미 저의 마음은 거리로 나가 있습니다." 진영숙 학생은 경찰이 쏜 총에 맞아 죽었어. 왜 한창 꿈을 키워 나가야 할 중학생이 시위에 나가서 죽는 비극이 일어나야만 했을까. 이런 비극이 되풀이되지 않도록 모두가 4·19를 기억해야 해. 학생들의 생명이 짓밟히자 초등학생까지 시위대로 나섰어. "군인 아저씨, 우리 오빠 형들에게 총부리를 겨누지 마세요!"라고 쓴 피켓을 들고 말이지. 대학 교수들까지 "학생들의 피에 보답하라"며 시위에 나섰어.

결국 이승만은 "국민들이 원한다면"이라는 어처구니없는 말을 하며 대통령직에서 물러났어. 그렇게 이승만의 12년 독재는 막을 내렸어. 4·19 혁명은 '민주주의는 피를 먹고 자란다'라는 무시무시한 명제가 어쩌면 참일지도 모른다는 것을 알려 준 사건이었어. 무엇보다 국민의 힘으로 민주주의를 지켜 낸 데에 큰 의미가 있지. 민주주의를 위해 신념과 용기를 가지고 'NO!'라고 외친 분들께 박수를 보내자.

>>>> 미완의 혁명

오늘날 4·19 혁명은 '미완의 혁명'이란 평가도 받고 있어. 혁명을 일으킨 이들이 정권을 무너뜨리는 데는 성공했지만 스스로 정권을 쥐는 데는 실패했기 때문이지. 새로 권력을 잡은 민주당의 장면 내각은 국민의 요구를 제대로 실천하지 못한 채 군인들에 의해 무너지고 말았거든. 불행히도 민주주의의 꽃이 바로 피어나지는 못했단다.

사사오입 개헌

1954년, 이승만은 정권 연장을 위해 '사사오입 개헌'을 했어. 사사오입은 반올림이라는 뜻이야. 도대체 어떻게 반올림으로 개헌을 한 거냐고? 당시 헌법에 따르면 대통령을 3번 하는 것은 불가능했지. 하지만 이승만과 자유당은 초대 대통령에게는 연임 제한을 폐지한다는 개헌안을 제출했어. 다행히도 개헌안은 찬성표가 1개 모자라 받아들여지지 못했지.

그래서 이승만 정권은 꾀를 하나 냈어. 수학자를 동원해 '사사오입 논리'를 내세운 거야. 개헌안 통과 투표에는 국회의원 203명이 참석했어. 개헌안이 통과되려면 203명의 3분의 2인 '135.333…명'이 필요했어. 하지만 '135.333…명'은 있을 수 없기 때문에 136명의 찬성표가 필요하겠지? 그런데 투표 결과를 보니 135명이 찬성한 거야. 그래서 이승만 정권은 4 이하는 없애는 사사오입, 즉 반올림 논리를 내세워 '0.333…'을 무시해 버렸어. 그러고는 135명도 203명의 3분의 2 이상이라고 우겨서 개헌안을 통과시킨 거야.

36

쓱 그리기

점선을 따라 그려서
운동화 한 켤레를 완성해 줘.

원발 한 짝은
어디 있을까?

이한열 운동화

6월 민주 항쟁

이 270mm짜리 흰색 운동화의 주인은 누구일까? 1987년, 경찰이 쏜 최루탄이 머리 근처에서 터지는 바람에 쓰러진 연세대학교 학생 이한 열이야. 이 운동화 한 짝은 뒤따르던 친구가 챙겼다고 전해져. 다른 한 짝은 찾지 못했다고 해. 운동화에선 이한열 학생이 하루빨리 회복해 귀가하기를 바라는 사람들의 마음이 느껴지는 듯해. 하지만 이한열은 최루탄에 맞아 쓰러져 한 달간 사경을 헤매다 결국 세상을 뜨고 말았어. 1987년 6월이 이한열에게 마지막 순간이었던 거야. 그해 6월, 도대체 무슨 일이 있었던 걸까?

>>> 4·13 호헌 조치

1987년은 전두환의 임기가 끝나는 해였어. 전두환은 정권 연장을 위해 노태우를 후임자로 지명했어. 노태우는 1979년 전두환과 함께 12·12 사태를 주도한 신군부 인물로, 전두환의 오른팔이었지. 신군부란 육군사관학교 출신의 장교들이 만든 조직 하나회를 중심으로 정권을 잡은 군 장성들을 이르는 명칭이야. 12·12 사태는 이들이 군부에서 주도권을 잡기 위해 일으킨 사건이야. 이후 전두환은 '4·13 호헌 조치'를 선언했어. 호헌이란 '헌법을 지킨다'는 말로, 8차 개헌안을 유지한다는 조치였어. 8차 개헌안이 뭐냐고? 이 개헌안은 전두환의 작품이야. 대통령의 임기를 6년에서 7년으로 늘리고, 선거인단이 대통령을 뽑는 간접 선거로 방식을 바꾸는 내용이었지.

하지만 직선제 개헌을 향한 국민의 열망도 커지고 있었어. 전두환은 방송에서 "이제 본인은 임기 중 개헌이 불가능하다고 판단한다"라고 말하며 8차 개헌안으로 바뀐 대통령 간선제를 유지하겠다고 발표했지. 이대로라면 대통령 선거인단이 뽑는 간접 선거를 통해 노태우가 당선될 것이 불 보듯 뻔했어. 노태우가 대통령이 되는 것은 전두환을 계승한 군사 정권이 유지된다는 말과 같았지. 학생과 시민들은 4·13 호헌 조치가 발표되자 직선제 개헌을 외치며 들불같이 일어났어. 직선제로 개헌해야 국민의 손으로 제대로 된 대통령을 뽑을 수 있을 테니까 말이야.

>>> 박종철 고문 치사 사건

그러던 중 1987년 1월, 서울대학교 학생 박종철이 경찰의 고문을 받다 숨을 거두는 사건이 일어났어. 경찰은 민주화 운동을 하던 박종운이 어디 있는지 알아본다며 후배인 박종철을 불법으로 체포했어. 당시 경찰의 발표에 의하면 박종철은 경찰이 탁자를 '탁 하고 치니 억 하고 죽었다'는 거야. 놀라서 심장마비로 사망했다는 것이지. 의심이 점점 커질 무렵 시신을 확인한 의사가 용기 있는 증언을 했어. "조사실은 온통 물바다였습니다. 박종철의 배에서는 그 안에 가득 찬 물로 인해 꼬르륵 소리가 났고, 폐에서도 수포 소리가 났습니다." 박종철이 죽은 이유가 물고문이었다고 폭로한 거야. 이 소식이 전해지자 분노한 시민들이 거리로 뛰쳐나왔어. 박종철의 사망을 조작하고 숨긴 사건은 사람들에게 이 정권을 끌어내려야 한다는 결심을 심어 주었지.

>>> 6월 민주 항쟁

"호헌 철폐! 독재 타도!" 1987년 6월 10일, 전국 각지에서 대규모 시위가 시작되었어. 그날은 민주정의당의 대통령 후보로 노태우가 뽑히는 날이기도 했어. 그런데 바로 전날 연세대학교 학생 이한열이 머리에 최루탄을 맞아 사경을 헤매는 사건이 터졌어. 이 소식이 퍼지자 전두환 정권에 대한 국민들의 분노는 걷잡을 수 없이 커졌어. 박종철이 고문을 받다 죽은 사건에 이어 일어난 이한열 사건은 4·19 혁명 때 최루탄이 눈에 박힌 채 발견된 김주열을 떠올리기에 충분했거든.

자동차와 버스 운전사들은 일제히 경적을 울리며 저항했고, 승객들은 흰 수건을 흔들며 시위에 동참했어. 넥타이를 맨 직장인들도 가세하면서 힘을 보탰지. 수십만 명의 사람들이 전국의 주요 도시에서 호헌 철폐와 독재 타도를 뜨겁게 외쳤어.

전두환은 경찰력만으로 시위대 진압이 어려워지자 계엄령을 내리려고 했어. 군대로 도시를 제압하겠다는 거야. 하지만 이번에는 미국이 이를 허락하지 않았어. 1988년 서울 올림픽을 앞두고 계엄군 동원을 승인하면 미국의 국제적인 입지가 좁아질 것을 우려한 것이지. 군대 동원이 어려워진 전두환 정권은 이빨 빠진 호랑이나 마찬가지였어. 6월 내내 시위가 지속되자 더는 버틸 수 없던 정부가 대통령 직선제를 받아들이겠다는 6·29 선언을 발표했어.

▶▶▶ 어부지리로 당선된 노태우

국민들은 노태우가 항복을 선언하자 기뻤지만 한편으로는 찜찜했어. 이렇게 쉽게 끝나리라고는 누구도 생각하지 않았거든. 정부가 대통령 직선제를 받아들인 데는 정치적인 계산이 다분히 깔려 있었어. 직선제 개헌을 하더라도 야당의 분열로 노태우가 당선될 가능성이 충분히 있다고 판단했거든. 예상대로 야당은 대통령 후보를 하나로 만드는 데 실패했어. 김대중과 김영삼 두 야당 지도자 모두가 대통령 후보로 나섰지. 거기다 김종필까지 후보로 가세해서 표는 뿔뿔이 흩어졌어. 전두환과 노태우가 가장 바랐던 상황이 연출된 셈이야. 전두환 정권의 6·29 선언은 이러한 상황을 어느 정도 예상한 가운데 나왔던 것이지. 결국 노태우가 36.6%의 득표율로 어렵사리 대통령에 당선되었어. 이런 걸 죽 쒀서 개 준다고 말하지.

하지만 6월 민주 항쟁은 국민의 힘으로 '민주 공화정'의 기초를 닦은 사건이야. 공화정에서는 국민이 국가의 대표를 직접 뽑잖아. 국민을 얕본 정권은 나라의 주인이 국민임을 알게 되었어. 결국 9차 개헌은 국민의 뜻에 따라 5년 단임의 대통령 직선제가 채택된단다. 이로써 오랜 독재 체제는 뿌리 뽑혔고, 국민은 소중한 투표권을 되찾았어. 그러니 앞으로 치를 선거 때마다 소중한 한 표를 꼭 행사하는 민주 시민이 되어야겠지? 다시 말하자면 선거 날은 '노는 날'이 아니야. '투표하고 노는 날'이지.

5·18 민주화 운동

"한 발의 총성으로 … 그가 사라져 간 그날 이후로 … 70년대는
그렇게 막을 내렸지."

가수 신해철의 〈70년대에 바침〉이란 노래의 가사야. 1970년대는 박정
희의 죽음으로 막을 내렸어. 박정희가 죽은 사건을 10·26 사태라고 하는
데, 당시 보안사령관이었던 전두환이 이 일을 수습하는 과정에서 12·12
사태를 일으켜 정권을 장악해. 많은 사람들이 20년 전 박정희가 일으킨
군사 쿠데타를 떠올렸지. 그래서 박정희가 이끈 군부와 이들을 구별하려
고 신군부라는 명칭을 사용한단다.

　시민과 학생들은 군사 정권의 연장을 원치 않았어. 그래서 '군사 독재
타도, 유신 헌법 철폐, 계엄령 해제'를 외치며 전두환의 퇴진을 요구하는
시위를 벌였지. 전두환은 시위를 완전히 없애기 위해 계엄령을 확대했
어. 군대가 전국의 주요 도시와 대학을 점령했지.

　강경한 진압과 공포 분위기 속에서 시위는 잦아들었지만 광주만은 예
외였어. 전두환은 광주를 본보기로 삼아 정권의 기반을 단단히 다지기로
결심했어. 전두환은 5·18 민주화 운동을 막기 위해 공수 부대까지 동원
했어. 계엄군은 무차별로 총을 쐈고, 수류탄까지 사용했어. 광주 시민과
학생들은 시민군을 만들어 대항했지만 역부족이었단다. 전두환은 폭도
를 제압한다며 폭력을 행사했지만, 진짜 폭도는 신군부와 계엄군이 아니
었을까.

이미지 자료 소장처

쓱 그리기

후루룩 읽기